P. von Radics

Anastasius Grün und seine Heimath

Festschrift zum 70jährigen Jubiläum des Dichters (11. April 1876)

P. von Radics

Anastasius Grün und seine Heimath
Festschrift zum 70jährigen Jubiläum des Dichters (11. April 1876)

ISBN/EAN: 9783743400955

Hergestellt in Europa, USA, Kanada, Australien, Japan

Cover: Foto ©ninafisch / pixelio.de

Manufactured and distributed by brebook publishing software (www.brebook.com)

P. von Radics

Anastasius Grün und seine Heimath

Anastasius Grün

und

seine Heimath.

Festschrift

zum 70jährigen Jubiläum des Dichters

(11. April 1876)

von

P. v. Radics.

※

Stuttgart.

Verlag der J. G. Cotta'schen Buchhandlung.

1876.

Buchdruckerei der J. G. Cotta'schen Buchhandlung in Stuttgart.

In deutsche Eichenforste,
Auf grünen Alpenhang,
Zu frischen An'n der Donau
Zog mich des Heimweh Drang.

Lasst hoch die Heimath leben,
Nehmt All' ein Glas zur Hand!
Nicht Jeder hat ein Liebchen,
Doch Jeder ein Vaterland!

Anastasius Grün.

Vorwort.

Als Anton Alexander Graf Auersperg im Jahre
1831 seine „Spaziergänge eines Wiener Poeten"
Ludwig Uhland zueignete mit den Worten:

> Wem der Sieg durch Waffen glückte,
> Nicht allein sei Held genannt,
> Jüngst an deinem Herde drückte
> Mir wohl auch ein Held die Hand
>
> Jeder ficht mit eigner Wehre,
> Priester kämpft mit dem Brevier,
> Krieger mit dem Schwert und Speere,
> Mit Gesang und Reimen wir

da mochte es der vorkämpfende junge Held — der
diesen Gang mit geschlossenem Visier unternahm —
erst nur sehnend wünschen, daß die besten Söhne seines
Volkes „treu und bieder" seiner Fahne folgen möch=
ten, der Fahne der Freiheit!

Freilich wohl ahnte er damals schon den „Sieg
der Freiheit" auch in Oesterreich.

„Freiheit ist die große Losung, deren Klang durch=
jauchzt die Welt," setzte er als Devise und frohlockend
schloß er:

Hei der Winter ist geschlagen! und mit seinem Fesselbande,
Seinem Froste, seinen Nächten flieht er fort nun aus dem Lande!
Frei und fröhlich zieht statt seiner rasch der junge Sieger ein,
Mit Gesang und grünen Kränzen, Blüthenscherz und Sonnen=
schein.

Auf daß sich aber diese Vorahnung erfüllen konnte,
nicht vergebens hatte er dem Vaterlande zugerufen:
„Oesterreich, Land des Ostens, auch in dir
nun werd' es Tag.“

Dieser Aufruf des Dichters, er zündete in den
Herzen der Jugend und von Oesterreichs hohen Schulen
trugen ihn die Hüter des Rechtes und der Menschlich=
keit heim zu den Hütten der Väter und als heiliger
Geist der Befreiung redete er bald in allen Zungen
zu allen Völkern des mächtigen Reiches!

Die „heiligen Märzen“ kamen und als Heerführer
hoch die allen gemeinsame Fahne der Freiheit schwin=
gend, die Fahne Oesterreichs schwingend stand umjubelt
von Millionen mit geöffnetem Visier der „Wiener
Spaziergänger,“ der Dichter des „Schutt.“

Aber auch später immer, da nach erlangter, —
verlorener — und wieder erlangter Freiheit die Völker
Oesterreichs das weiße Fahnenband mit dem goldig
winkenden Spruche: Gleichheit und Brüderlich=
keit losbanden von der Fahne Oesterreichs, daß es
nicht mehr im Windeshauche der Freiheit um Austria's
mauergekröntes Haupt kosend sich schmiegen konnte und
scharfscheidend die Trikolore an dessen Stelle setzten, ja
mehr noch, als einzelne aus ihnen, die Reichsfahne
mit Füßen tretend, ein fremd Panier sich wählten

oder zu wählen suchten, immer, zu allen Zeiten, selbst wenn die Wogen im Streite der Parteien am höchsten gingen, immer doch galt der Herold der Freiheit — Anastasius Grün — allen Völkern Oesterreichs auch als der Meister im Turney um die Freiheit!

Und heute, da dieser „Meister,“ der allen voran ein echter und rechter Ritter der Erste in die Schranken trat zum Gange mit dem Geiste der Finsterniß, trotz der vielen „Gänge,“ die er seither mit demselben immer wieder aus seinem Schattenreiche zurückkehrenden Gespenste gethan, aufrecht und ungebrochen, wie vor Decennien, auf demselben Kampfplatze steht, ein Held an Siegen und an Ehren reich, heute an dem hohen Feiertage des Sängers der Freiheit, heute füllen sich die Tribünen der allen Völkern Oesterreichs in gereifter Erkenntniß gleich theuren gemeinsamen Arena und in festlichem Gepränge nehmen die Schaaren der Abgesandten von Nord und Süd, von Ost und West ihre Plätze ein und haben Theil an dem hohen Feste der Huldigung!

In der Hand des Gefeierten siehst du aber heute, wie ehedem die Fahne mit dem Bilde der Austria und dem weißen Fahnenbande der Freiheit mit dem goldgestickten Spruche: Gleichheit und Brüderlichkeit!

Indem wir im überreichen Gabentempel, der sich heute dem ewig jungen Liebling der Völker erschließt, gleichfalls eine kleine Liebesgabe niederlegen, haben wir versucht, aus des Dichters Werken in einem Bilde aufzuweisen, wie er die Eigenthümlichkeiten und Besonderheiten der einzelnen Länder Oesterreichs, die

Vorzüge und Tugenden ihrer Bewohner im innersten Wesen ergründete und in vollendetstem Lichtbilde darstellte, dabei jedoch all' das Verschiedene in ein Ganzes fassend, als Lob und Preis des einen großen Oesterreich und seines „ehrlichen und offenen Volkes," als dessen Dolmetsch er das Eine nur „ganz artig" flehte: „Dürft' ich wohl so frei sein, frei zu sein?"

Und so mögen eben heute aus unserem Buche die Söhne Oesterreichs, die aus dem Wiegenland des Dichters an der Save hellen Fluthen, die von den Alpenhängen Steiermarks und Kärnthens, Tirols und Salzburgs, Ungarns Volk, die im klangvollen Böhmerland, jenes Volksfragment am Weichselstrand, vor Allem aber jed' echtes „Wiener Kind" rückschauend auf ein gottbegnadetes deutsches Dichterleben, es preisend erkennen, wie Anastasius Grün sie alle mit gleicher Liebe, mit gleichem Hochgefühl umfaßt als Ziehsöhne der gemeinsamen Hausmutter, der sie vom Gott des Lichtes zu gemeinsamer Bildung anvertraut worden, um gemeinsam als Apostel des Lichtes offenen Auges, den wenn gleich blendenden Strahlen des Sonnenaufgangs entgegen, kühn und muthig die Fahne der Freiheit aufzupflanzen in den Reichen des Ostens!

Währing bei Wien, 12. Februar 1876.

Der Verfasser.

Inhalt.

Die Wacht an der Save.

Von Geschlechten zu Geschlechten
Schlinge sich der heil'ge Bund.
                    Anastasius Grün.

Deutscher Geist und deutsche Kraft haben die „Ost=
mark" das heutige Oesterreich geschaffen und diesem
Reiche ab und zu durch der Zeiten Lauf stets neues
Leben, neue Bewegung zugeführt, ihm geistige und
materielle Hilfe gebracht zur Erfüllung seiner hohen
culturellen Mission: die Civilisation nach dem Orient
zu tragen!

Deutsche Kraft war es namentlich, die der Ost=
mark in jenen schweren Tagen unter die Arme griff,
als der „Erbfeind der Christenheit" der Türke in stets
erneuten Vorstößen bis gegen das „alte Wien" vor=
drang, um auf diesem Wege sein endliches Ziel, Deutsch=
land, zu erreichen oder was dem schlauen Muselmanne
als dasselbe galt: die Cultur an ihrer Keimstätte zu
fassen und zu vernichten.

Daß es hierzu nicht kommen konnte, das dankt
Europa vornehmlich jener deutschen „Wacht an der

Rabic8, Anastasius Grün.   1

Save," die seit den Karolingern treu und redlich aus=
hält auf ihrem Posten in jenem Landstriche, der κατ᾽
ἐξοχήν das „Grenzland" heißt, in dem Lande Krain.

Die Unterwerfung der Krainer Slaven unter frän=
kische Herrschaft war in der zweiten Hälfte des 8. Jahr=
hunderts erfolgt, das Land alsbald dem großen christ=
lichen Weltreiche einverleibt und sofort nach dem alle
Theile desselben gleich umfassenden Regierungsplane
verwaltet.

Deutsche Colonisten und als Führer derselben deutsche
Adelsfamilien, die Schärffenberge, Auersperge u. A.
kamen im 9. und 10. Jahrhundert ins Land und
brachten deutsche Sitten, deutsche Gebräuche, vor Allem
aber die deutsche Arbeit mit herein.

Neben den Ritterspielen und Ritterkämpfen brach=
ten das 12. und 13. Jahrhundert auch die anderen
Resultate der Kreuzzüge in die Burgen und — zu dem
Volke von Krain. Vor allen adeligen Familien Krains
war es aber das Auersperg'sche Haus, das fast in
jedem Zuge nach dem h. Lande seinen Vertreter sah
und deßhalb als der Hauptvermittler der Cultur jener
Zeit für die Heimath gelten muß.

Auch auf den Schlössern unserer Adeligen wurden
jetzt von fahrenden Sängern die ermunternden Helden=
gesänge von Alexander und Roland, wie dieß alte
im Lande gefertigte Handschriften beweisen, ja wol gar
von den Nibelungen, wie die häufig vorkommenden
Taufnamen Helche, Rüdiger bei den adeligen

Familien darthun — sogar der Name Chriemhilt kommt
als der Eigenname eines Mannes vor — oder aber
von der Minne gesungen, wie sie zu lohnen weiß,
„mit Liebe und mit Leid."

Während jedoch im Hofraume der Ritterburg die
Speere gebrochen, im glanzerfüllten Saale die Lieder
gesungen wurden, da lehrten von dem deutschen Adel
ins Land gebrachte „weiße Mönche" von Citeaux die
Kinder des Volkes und deutsche „Pfleger" walteten in
Meierhöfen auf Feld und Flur und umzogen des
Unterlandes sonnige Hügel mit Rebgeländen!

Und dem deutschen Adel und seinem Dienertrosse
nach zog der deutsche Bürger in dieses zugleich an der
Schwelle des reizvollen Italien gelegene Land und alsbald erblühte hier ein Städtewesen, neue und für
alle Zeiten unüberwindliche Burgen deutscher Arbeit
und deutscher Gesittung darstellend.[1]

Durch das Aufstreben dieses neuen Elementes er-
gaben sich aber auch hier harte Fehden zwischen Adel
und Bürgerthum, die erst dann allmälig sich lösten,
als es galt, gemeinsam dem gemeinsamen Feinde zu
begegnen, der einerseits unter dem Zeichen des Halb-
mondes Dörfer, Burgen und Städte in gleich wildem
Antoben bedrohte, und der anderseits nach der Losung

---

[1] Siehe über die Culturentwickelung Krains in den einzelnen
Perioden der Geschichte in der trefflichen Behandlung bei A. Dimitz,
Geschichte Krains von der ältesten Zeit bis auf das Jahr 1815.
Laibach 1874—1876. Kleinmayr und Bamberg (in den betreffenden
Abschnitten).

vom Tiberstrande des Wittenberger Ex=Mönches auch
hier rasch in Fleisch und Blut übergangene „evan=
gelische Lehre" auszutilgen bemüht war.

Die Bürgerwehren[1] der krainischen Städte sie folg=
ten dem „Aufgebote" der krainischen Landschaft ebenso
willig, wie die ständischen „Gültpferde" und wie der
„gemeine Mann," wenn es galt, die „windischen Gren=
zen" zu hüten vor den „türkischen Visiten;" die „ehr=
samen Räthe" sie secundirten durch ihre Abgeordneten
in den General= und Provinziallandtagen gar wacker
den Stimmführern der evangelischen „Herrn und Land=
leut," wenn diese gegen die Ordonnanzen der Papisten
Protest um Protest erhoben, sie secundirten ihnen mit
Wort und That, wenn es sich darum handelte, für die
Bewilligung einer „Türkenhilfe" an den Landesfürsten
eine Begünstigung „in religiosis" für sich einzutauschen.

Und in der Landstube zu Laibach und im
Generalate an den Grenzen waren in dieser für
Krain und die Ostmark, für Deutschland und Europa
gleich hochwichtigen Epoche die maßgebenden Faktoren
zumeist Repräsentanten des Hauses Auersperg!

Die „Grenz=Helden" Hanns und Herbard von
Auersperg,[2] von denen Ersterer vor Wien (1529),

---

[1] Vergl. meine Schrift: Die Laibacher Schützengesellschaft. Fest=
schrift zum dreihundertjährigen Gedächtnißtage der Gründung. Lai=
bach 1862. Kleinmayr und Bamberg (Einleitung).

[2] Vergl. über ihn meine Monographie: Herbard VIII., Freiherr
zu Auersperg (1528—1575). Ein krainischer Held und Staatsmann.
Wien 1862. W. Braumüller. XX und 394 Seiten. 8.

Letzterer vor einem „Grenzneste" (1575) ihr Leben
ließen, Weikhard, dem Oesterreichs ganze Kriegsmacht
untergeordnet war und Andreas, der Sieger in der
Schlacht von Sissek,[1] nach welch gräulicher Nieder=
lage (1593) der Türke seinen Fuß nicht wieder über
die Save zu setzen wagte — sie preist die Kriegs=
geschichte auf ihren goldigsten Blättern; die Söhne
und Brüder, wenn gleich nicht zu denselben hohen
Thaten berufen und erkoren, sie halfen im Kriegshand=
werke jener Sturm= und Drangperiode, wo alle Hände
vollauf zu thun hatten, redlich mit zur Ehre des Hauses,
der Heimath, des Vaterlandes!

Sie schaarten sich um die leuchtenden Vorbilder
ihrer Familie auf den blutgedüngten Wahlstätten an
der Save Ufern unter der sieggewohnten blaugelben
Fahne der krainischen Landschaft mit jener opferfreu=
digen Hingebung, mit der sie ihrem Beispiele folgten
in der confessio fidei und in der „Ausbreitung
der heiligen evangelischen Lehre."

Denn auch in Krain gleich wie im Erzherzogthum
Oesterreich war es der Adel und da in erster Linie
die Auersperge, welche zuerst und am längsten der
Lehre Luthers anhingen, wiederholt die freie Predigt
des Evangeliums und die freie Religionsübung for=
derten, die evangelischen Prediger auf ihren Schlössern
aufnahmen und mit ihren „Leibern schützten," als

[1] Siehe meine Gedenkschrift: Die Schlacht bei Sissek. Laibach
1861. J. Blaznik.

sie auf landesfürstlichen Befehl „abgeschafft" werden sollten.

Ein auerspergischer „Unterthan", der Dom-herr Primus Truber (geb. 1508 zu Rašica bei Stammschloß Auersperg), ward Krains Reformator und der Begründer der slovenischen Literatur, indem er mit Hilfe der Fürsten von Württemberg und Preu-ßen, vieler deutscher Städte — Straßburg, Nürnberg, Ulm, Frankfurt, Reutlingen, Regensburg, Rothenburg a. d. T., Memmingen, Kempten, Lindau, Kaufbeuren u. s. w. — der Landschaften von Steyer, Kärnthen und Krain die h. Schriften in das „Windische und Crobatische" übertragen hat.

„So geringfügig auch — sagt treffend Primus Trubers Biograph Sillem — diese ersten gedruckten windischen Bücher zu sein scheinen, so wird man doch zugeben müssen, daß wie er durch deren Herausgabe den Grund zu einer nationalen Literatur gelegt hatte, der Inhalt derselben dazu angethan war, deutsche Cul-tur unter den Slovenen zu verbreiten. Wahrlich der eingeschlagene Weg scheint uns auf eine glückliche Weise die scheinbar auseinander gehenden Interessen sla-vischer nationaler Entwickelung und Aus-breitung deutscher Wissenschaft und Cultur vereinigt zu haben."[1]

---

[1] Primus Truber, der Reformator Krains. Ein Beitrag zur Reformationsgeschichte Oesterreichs von Dr. H. C. Wilh. Sillem. Erlangen, G. Bläsung 1861, S. 34.

Der große Styl, in dem Truber arbeitete, seine weitaus sehenden Pläne für die Verbreitung der deutschen kirchlich-reformatorischen Bewegung nach dem Südosten — trug er sich ja doch mit der Absicht, die Bibel Luthers in das Türkische übertragen zu lassen — waren es wohl, die die Heftigkeit, womit eben seine Person troß aller Religionszugeständnisse von Regierungswegen in Oesterreich wieder und immer wieder verfolgt wurde, so daß er endlich gar nicht mehr in die Heimath wiederkehren durfte und sein Leben im Exil als Pfarrherr in Derendingen bei Tübingen beschließen mußte.

Trubers entschiedenste Parteigänger und Vertheidiger unter Krains Adel waren seine „Herrn", die Auersperge.

Er anerkennt es in seiner Vorrede zum leßten Theil des N. Testamentes, datirt Derendingen 1577 und gerichtet an Christoph Freiherrn v. Auersperg, daß die Familie „ihm und den Seinen viel Gutes erwiesen habe und ihm mit Rath und Hilfe in seinen drei Verfolgungen treulich beigestanden."

So befand sich in der vom Laibacher ständischen Ausschusse an Erzherzog Carl und an Kaiser Maximilian II. (1565) wegen Verbleibens des Primus Truber in Krain gewählten Gesandtschaft als einer der vornehmsten Herren Dietrich Freiherr v. Auersperg.[1]

---

[1] Die Superintendenten der evangelischen Kirche in Krain. Von Theodor Elze. Wien, Gerold 1863. S. 24.

Diese Intervention der Landschaft hatte, wie eine frühere, nichts gefruchtet, Truber mußte Krain wieder verlassen und ging nach Württemberg zurück.

Zwei Jahre später (1567) begab sich neuerdings eine Gesandtschaft der krainischen Stände, den Landeshauptmann Herbard VIII. von Auersperg an der Spitze, nach Wien an den Hof des Erzherzogs, um Trubers Wiederzulassung in Krain zu erwirken,[1] aber auch dießmal war es vergebens.

Truber mußte fern der Heimath seine letzten Lebenstage zubringen, in denen er jedoch bis zum letzten Hauche für den Glauben und für dessen Ausbreitung unter den Brüdern daheim thätig war.

Er unterhielt nicht nur stets einen regen schriftlichen Verkehr mit seinen Landsleuten, sondern hatte deren auch in seiner unmittelbaren Nähe, so die Herren Christoph und Andreas von Auersperg und andere „gnädige Herrn und Jungherrn," die in Tübingen studierten und ihn öfters in seiner Herberg „nicht wie einen Landsmann, sondern wie einen Vater besuchten."[2]

Die Auersperge waren es, die unter den Ersten in ihren Schlössern lutherische Kapellen eingerichtet — noch sieht man eine solche auf Stammschloß Auersperg — und lutherische Lehrer zu ihren Kindern als Erzieher nahmen, sie waren es, die für die Deutschen

---

[1] Elze a. a. O. S. 26.
[2] Mein Herbard a. a. O. S. 168.

im Grenzheere und für die evangelisch gewordenen
landschaftlichen Truppen evangelische Feldpre-
diger bestellten, sie waren es, die kraft ihres Rechtes
als Patronatsherrn auf einer ihrer Pfarren der sog.
Gegenreformation heftigen thatsächlichen Widerstand
leisteten. [1]

Hatte der evangelische Adel von Krain in der
Reformationszeit seine Söhne an die protestantischen
Universitäten und an die protestantischen Höfe — so
die Auerspergs zwei der Ihren, die Herrn Herbard
und Weikhard, an den Hof des Herzogs Wilhelm von
Jülich-Cleve-Berg [2] — gesendet, so war in der darauf
gefolgten Periode der Gegenreformation, nachdem die
ständische Macht in den Erblanden mit Gewalt der
Waffen gebrochen und der Protestantismus „ausge-
rottet“ war, der Zug nach den katholischen Hochschulen
des südlichen Deutschlands und Italiens gerichtet.

Der größte Theil der höchsten jungen Aristokratie
Deutschlands schaarte sich in dieser Zeit um den pracht-
liebenden Churfürsten Maximilian I. von Bayern, den
„Sieger vom weißen Berge,“ der in seiner als „achtes
Weltwunder“ gepriesenen Residenz in München mit
beispiellosem Luxus Hof hielt.

Die „große Cour“ dieses Hofes machten denn auch
zwei jungen Grafen Auersperg Weikhard und Her-

---

[1] Mein Herbard a. a. O. S. 172 f.
[2] Freundliche Mittheilung des Dr. W. Harleß in Düsseldorf aus
Gabriel Mattenclots Denkwürdigkeiten.

bard mit, die Söhne des 1630 in den Reichsgrafen=
stand erhobenen Dietrich von Auersperg, während ein
dritter Bruder Herr Wolf Engelbert Graf Auer=
sperg seine Bildung am kaiserlichen Hofe selbst in
Regensburg und Wien genoß.

Von diesen Bildungsstätten gleich wie von den
Reisen in Deutschland und Italien brachte dann Herr
Wolf Engelbert eine reiche Fülle von humanistischem
Wissen und insbesondere ein äußerst reges Interesse
für die eben im höheren Aufschwunge befindliche dra=
matische Kunst und für all den Pomp scenischen Appa=
rates mit heim, der in den Jesuiten=Comödien und
in den italienischen Opern zur Anwendung gebracht
wurde.

Sein Palast in der Herrngasse zu Laibach — nach
der Erhebung des Bruders Weikhard in den Reichs=
fürstenstand der „Fürstenhof“ geheißen — war von den
Tagen der Heimkehr Wolf Engelberts an auf lange
Zeit hin im vollsten Sinne Krains „Musenhof“.

Wahrhaft fürstlicher Prunk wurde in den weit=
läufigen Räumen des im italienischen Style gehaltenen
Prachtbaues entwickelt, was das damalige Italien und
Frankreich in Ausschmückung von fürstlichen Hallen,
in Anlage von Gärten und Gartenbauten, Wasser=
künsten u. s. w. Neues brachten, im „Fürstenhofe“ in
Laibach fand es seine wahrhaft künstlerische Verwer=
thung.

Da gab es im Palaste selbst mit herrlichen Fresken

geschmückte Prachtsäle und luxuriös ausgestattete Wohn=
gemächer, weite Bibliotheksfäle und ein stabiles
mit der complicirtesten den Ausstattungsfeerien unserer
modernen Schaustücke analogen Scenerie ausgerüstetes
Haustheater, in den Gärten, die an der Rückseite
des Palastes weithin sich dehnten, waren Kioske, Fon=
tainen, Grotten, Menagerien, Schießstätten, Ball=
häuser, Sommertheater u. s. w. in anmuthiger Ab=
wechslung vertheilt, und noch heute, wo der fürstliche
Zweig der Familie lange nicht mehr im Lande wohnt,
wo der Palast, als solcher aufgegeben, praktischen
Zwecken gewidmet ist, umgibt ihn ein unvertilgbares
Lustre, das dem kolossalen Steinbau mit seinem ehr=
furchtgebietenden altersgrauen Aussehen anhaftet, und
fast glaubt man, an dem Riesenthore des „Fürsten=
hofes" stehend, jetzt und jetzt müsse der „Achtspänner"
den vor dem Palaste liegenden „neuen Markt" herauf=
fahren und dem goldig verzierten Glaswagen etwa
Kaiser Leopold I., der große Gönner der Musen, der
gekrönte Componist entsteigen, der in den September=
tagen des Jahres 1660 bei Gelegenheit der Erbhul=
digung in Krain wiederholt die glänzenden Feste des
Landeshauptmanns Wolf Engelbert Grafen von Auer=
sperg besucht hat.

Die Bibliothek[1] und das Haustheater[2]

[1] Ueber diese äußerst interessante Sammlung vergl. meinen
Aufsatz: Oesterreichische Wochenschrift (Beilage der kais. Wiener
Zeitung) 1863. Nr. 46.

[2] Siehe darüber in der Einleitung zu meinem: „Der verirrte

Wolf Engelberts bildeten die Brennpunkte des ge=
sammten geistigen Lebens der Heimath auf lange hin.

Die Büchersammlung, noch heute erhalten (und
nur um wenig Werke nach dessen Tode vermehrt), sie
zeigt uns einen auserlesenen Schatz der vorzüglichsten
Werke aller Fächer und aller gebildeten Völker; nament=
lich stark vertreten sind darin die tüchtigsten deutschen
Werke des 16. und 17. Jahrhunderts in den Dis=
ciplinen der Jurisprudenz, Politik und Geschichte.

Zahlreich sind auch die Manuscripte, darunter ein
Schwabenspiegel, altdeutsche Predigten (in deren einer
der Mongoleneinfall in Oesterreich 1241 als eben ge=
schehen erwähnt wird), eine metrische Bearbeitung des
Belial von einem Krainer, Herrn Otto dem Rasp, die
Bibel in deutschen Reimen u. s. w.

Vollkommen erhalten sind in einer eigenen Abthei=
lung dieser Bibliothek die Textbücher oder Programme
jener „Comödien,“ die im „Fürstenhofe“ zur Auf=
führung kamen. Wir ersehen daraus die Pflege der
deutschen Comödie eifrig betrieben neben den
lateinischen theatralischen Uebungen der Jesuitenzög=
linge und den italienischen Opern. Die deutsche
Comödie ward meist von den sog. Innsbrukeri=
schen Comödianten „exhibirt,“ aber auch ein=
heimische (krainerische) Comödianten spielen deutsche

Soldat.“ Ein deutsches Drama des 17. Jahrhunderts. Aus einer
Handschrift der k. k. Studienbibliothek in Laibach herausgegeben
von P. v. Radics. Agram 1865. Fr. Suppan.

Comödie, ja verfassen gar eine solche und „dediciren"
sie dem Herrn Landeshauptmanne.

Unter den Dichtern der hier aufbewahrten Comödien‘
begegnen wir u. A. einem Jesuitenpater Andreas aus
der in der deutschen Theatergeschichte so berühmt ge=
wordenen Familie Anschütz.

Das Interesse des Landeshauptmannes für scenische
Darstellungen war zugleich das Interesse der Landschaft
und diese unterstützte demnach die Comödien der Je=
suitenzöglinge und die ab und zu in der Hauptstadt
einkehrenden hochdeutschen und italienischen Comö=
dianten und Sänger mit reichlichen Subventionen aus
der Landschaftskasse — das Protokoll vom Jänner
1671 zeigt für eine Comödie allein die Post von
1000 fl. — und förderte sonst noch die geistigen und
humanitären Strebungen, die in Wolf Engelbert Grafen
Auersperg ihren mächtigen Mäcen gefunden.

Das ausklingende 17. Jahrhundert sah in der
Hauptstadt Krains eine Akademie der Künste und
Wissenschaften nach Vorbild der italienischen Akademien
unter dem Namen: Academia Operosorum entstehen,
aus der sich bis heute noch einer ihrer Zweige, die
musikalische Section in der auch über die Grenzen
Oesterreichs bekannten „philharmonischen Gesellschaft" [1]
erhalten hat.

[1] Die philharmonische Gesellschaft in Laibach. Eine geschichtliche
Skizze von Dr. Fr. Keesbacher. Laibach 1862. Kleinmayr und
Bamberg.

Wie diese Academia Operosorum, der die ersten
Cavaliere des Landes als Mitglieder angehört hatten,
gar bald der Wucht der Vorurtheile und der Gegner=
schaft der die Zügel immer strammer ziehenden Partei
des Rückschrittes erlegen war, blieb auch jede ander=
weitige Aeußerung geistigen Lebens im Keime erstickt
durch den Bann, der über Allem lag, bis die Tage
der Kaiser=Königin Maria Theresia und ihres
Sohnes Joseph II. neue geistige Anregung wie
überall hin, also auch in das äußerste Grenzland an
die Gestade der Adria brachten.

Ein Auersperg führte als Landeshauptmann
von Krain Maria Theresia's Schulordnung in
diesem Lande durch, ein anderer Sprosse der Familie
berief, auf demselben Posten stehend, die Mitglieder
der auf Befehl der Kaiserin gegründeten Gesellschaft
des Ackerbaus und der nützlichen Künste (der heutigen
Landwirthschaftsgesellschaft) zur ersten Session.

· Ein Graf Auersperg, Josef Franz Anton aus
der fürstlichen Linie, erließ als Bischof von Gurk 1782
einen Hirtenbrief über Glaubensduldung, der von
Joseph II. als „mit seinen höchsten Absichten überein=
stimmend“ bezeichnet wurde. Diese Aeußerung des
Kaisers über die pastorale Thätigkeit des Gurker
Bischofs blieb nicht ohne Einfluß auf die Haltung der
benachbarten Kirchenfürsten, zunächst des Laibacher
Bischofs!

Doch daheim im Krainlande selbst fehlte es gleich=

falls nicht an einem Vorkämpfer für Josephs Ideale
unter den Auerspergen. Es war dieß Graf Alois
von Auersperg, der Freund und Beschützer des von
der krainischen Geistlichkeit arg verlästerten und als
„Ketzer" verfolgten Naturhistorikers Belsazar Hacquet.
Als Kaiser Joseph II. am 20. März 1784 Laibach be=
suchte, erschien er nach mehrstündigem Aufenthalte in
Hacquéts Naturalienkabinet Abends in der „Gesell=
schaft" beim Grafen Auersperg,[1] diese beiden Männer
allein also seiner besondern Gunstbezeugung würdigend!

Daß die Auersperge der nachgefolgten Zeiten
der Tradition der Altvordern sowol im engern Bezirke
der Mark Krain wie weit darüber hinaus in ihrem
Wirken für das große Oesterreich stets und namentlich
in den politischen Kämpfen der letzten Jahre unver=
brüchlich treu blieben, und wie insbesondere der ge=
feierte Jubilar als Dichter und Politiker die
Fahne der Freiheit mit der Devise: „Für die
Heimath" im dichtesten Kampfgewühle immer unent=
wegt in reckenhaft emporgehaltener Hand hochgetragen
hat und zur Stunde hoch hält, das zeigen uns die gold=
glänzendsten Blätter der jüngsten Geschichte Oesterreichs!

---

[1] Ludwig Germonik in den Mittheilungen des historischen
Vereins für Krain 1857. S. 146.

Anastasius Grün und seine Wiege.

Sei mir gegrüßt Land meiner schönsten Träume,
Land, das mir Leben Lied und Liebe gab.
Anastasius Grün.

Das „weiße Laibach," die bêla Ljubljana, wie
das krainische Volkslied die heutige Hauptstadt Krains
nennt, ist die Wiege des deutschen Dichters Anasta=
sius Grün, Anton Alexander Grafen Auersperg, der
hier am 11. April 1806 geboren wurde.

Die erste Jugendzeit brachte unser gefeierte Dichter
in der Heimath unter der Obhut trefflicher Eltern auf
dem reizenden Schlosse Thurn=am=Hart[1] in Unter=
krain in nächster Nähe der „hellfließenden" Save zu.

Schon als Knabe lernte Anastasius Grün die

---

[1] Das schöne Schloß in prachtvoller Lage ist von einem im
englischen Style gehaltenen weiten Parke umgeben. Zur Geschichte
desselben erzählt Valvasor in seiner „Ehre des Herzogthums Crain",
Nürnberg 1689 (III, S. 575 f.), daß es 1515 von den aufrührerischen
Bauern mit Gewalt eingenommen wurde, daß hier 1646 die Pest
„ihre Giftpfeile abfliegen ließ", daß es im 16. Jahrhundert der
Familie Valvasor, dann von 1581 ab den Gebrüdern Moscen gehörte
und von diesen an die Auersperge kam.

hohen Schönheiten des von Mutter Natur mit außer-
ordentlichen Reizen ausgestatteten merkwürdigen Ländchens kennen und lieben, das in seinem oberen Theile
die großartigſten Gebirgsformationen, die herrlichſten
Seen und Matten birgt, die kühn jeden Vergleich mit
denen der Schweiz und des Salzkammergutes aushalten
können, das im „Innern" die weltberühmte Adels-
berger Grotte[1] ſein eigen nennt, knapp daneben
das Queckſilberwerk Jdria[2] zur einen und jenen ver-
ſchwindenden See von Zirkniß, den ſchon Tor-
quato Taſſo beſang, zur anderen Seite, auf dem
man nicht ſelten in einem und demſelben Jahre fiſchen
und jagen und ernten kann; des Ländchens, das ſeinen
Fuß in die Fluthen der Adria taucht und dem in
ſeinem blüthenreichen Garten — dem Wippacher Boden
— alle Früchte der Heſperiden winken.

Dieſe Vorzüge der Heimath, ſie ergriffen mächtig
des Jünglings Herz und die Eindrücke, die ſie auf
das empfängliche Dichtergemüth geübt, Anaſtaſius
Grün gab ſie wieder in einem der ſchönſten Gedichte
ſeiner erſten Periode.

Das Poem, das 1827 in Hormayrs Archiv[3] mit
dem vollen Namen des damals 21jährigen jungen

<hr>

[1] Siehe meine Schrift: Adelsberg und ſeine Grotten.
Trieſt 1861. Literariſch-artiſtiſche Anſtalt des öſterreichiſchen Lloyd.

[2] Das Queckſilberbergwerk Jdria von Peter Hitzinger. Laibach 1860. Kleinmayer und Bamberg.

[3] Achter Jahrgang. S. 83.

Cavaliers Anton Alexander Grafen von Auer=
sperg und unter dem Titel Illyrien[1] erschien, ist
eben für den Vorwurf unserer Schrift zu charakteristisch
— zudem so gut wie gar nicht bekannt — daß wir
den Freunden der Muse Anastasius Grüns gewiß nur
eine Freude bereiten, indem wir es nachstehend voll=
inhaltlich reproduciren.

Illyrien.

Wie hehr und schön die Fluren all zu schauen!
Sei mir gepriesen herrlich Friedensland!
Seid mir willkommen längstbekannte Auen!
Sei mir gegrüßt mein süßes Vaterland!
Du heil'ger Boden voll Geschmeid und Segen,
Auf dem das Kind zum erstenmal gekniet
Und dem aus fremden fernem Land entgegen
Des Jünglings Lied und tiefste Sehnsucht glüht.

Wie schön bist du! hier sanft und milde glänzend
Wie eine Braut, die rings auf Blumen ruht,
Das Haupt mit Perl' und Rose sich bekränzend
Und spiegelnd sich in reiner Quellenfluth.
Wie groß bist du! Dort strahlst du furchtbar prächtig
Ein ries'ger Recke nach ersiegter Schlacht,
Gewaltig erzumpanzert, grimm und mächtig
Voll Schauern und voll Ernst und doch voll Pracht.

[1] Illyrien war zur Zeit der gouvernementale Name für die
Länder Krain, Kärnthen und Triest, die unter der Verwaltung
eines Statthalters oder Gouverneurs eine Provinz Oesterreichs
bildeten.

Und siehst du dort geschmückt mit blanker Krone
Im Purpurmantel all die Kön'ge stehen?
Sieh' deine Berg' im Morgenroth der Sonne
Und deine Burgen schimmernd auf den Höh'n!
Dort seh' ich nah'n der Vorzeit hohe Wesen,
Der Fittig ihres Geists umweht mich lind
Und führt mich hin, in Bild und Form zu lesen:
Was sie einst waren und was wir nun sind.

Was woget dort? Ist's See, ist's Land zu nennen?
Jetzt segeln Schwäne durch die blaue Fluth;
Doch bald tönt drin das Hüfthorn, Rüden rennen,
Wo erst die Welle wogt nun Aehrenfluth.
In jener Grotte unter'm Bergesschilde
Dort waltet der Natur geheime Kraft,
Sie bildet nach die eigenen Gebilde
Und bildet nach was Menschenkunst erschafft.

Es stampft gewalt'ger Hämmer dumpf Getümmel
Und durch die Bergschlucht wiederhallt es fern
Aufsprühen Funk und Asche gegen Himmel —
Und über alles weht der Geist des Herrn.
Die Rebe blickt von jenen Sonnenhügeln
Auf Wiesensammt und Segensfelder hin,
Und mild in hundert Silberquellen spiegeln
Orangenhaine sich mit dunklem Grün.

Dort rauschet Adria in grünen Wogen
Und schäumt und braust zum Blüthenstrand hinau
Und Schätze bringend, fordernd, kommt gezogen
Manch bunte Flagg' auf reger Wellenbahn,

Und Menschen stehn am blüh'nden Strand und schauen
Und ahnen, fassen dich: Unendlichkeit!
Und sehn nun ebne Fluth, nun Wettergrauen,
Und sehn das Leben und versteh'n die Zeit.

Von dort, wo Alp an Alp im Wellenbande
Mit eis'gem Haupt aufragt zum Himmelsdom
Bis zu des Meeres schaumbespültem Strande
Und bis zu deiner Marken blauen Strom,
O schönes Land, allüberall blüht Leben,
Allüberall blüht Segen, Kraft und Recht;
Da lebt, Gott und den Fürsten treu ergeben,
In alter Sitt' ein kräftiges Geschlecht.

Sei mir gegrüßt Land meiner schönsten Träume,
Land das mir Leben, Lied und Liebe gab,
Das liebend nährte meines Lenzes Keime,
Wie meine Wiege, sei du auch mein Grab.
O decke mich dereinst mit deinem Schilde
Wenn mir gefallen alles irb'sche Loos,
Denn sieh! es schläft so sanft und ruht so milde
Das todte Kind in seiner Mutter Schooß.

In der ersten Strophe ist es angedeutet, daß der
Dichter bei Abfassung dieses Gedichtes in „fremden
fernen Lande" weilte.

Anastasius Grün befand sich nämlich in den zwanziger Jahren zur Erziehung in Wien, wo er 1823,
1824 im v. Klinkowström'schen Institute studirte und
hier u. a. den Landsmann und slovenischen Dichter
Franz Preßern zum Lehrer hatte. Wir werden

später darauf zurückkommen, welchen Einfluß Prešern
auf den hochbegabten jungen Cavalier nach mehr als
einer Richtung hin geübt und mit welch' edler Pietät
Anastasius Grün das Andenken des um seine (Prešerns)
Nation und um die gemeinsame Heimath gleich hoch-
verdienten Dichterfreundes und Meisters geehrt und
verewigt hat!

Aus dem Jahre 1829 datiren „Erinnerungen
an Adria"[1] und begegnen wir am Eingange zu
diesem Cyklus meisterhafter Stimmungsbilder vom Aufenthalte in Triest und Venedig einer dithyrambischen
„Begrüßung des Meeres." Der Begeisterung für
die Heimath und der überwältigenden Wirkung des
Wiedersehens des „alten heiligen, ewigen Meeres" ist
in unübertrefflicher Weise Ausdruck gegeben, wenn der
Sänger sein Lied ausklingen läßt in die huldigenden
Worte:

> Zu dem Herrn empor mit Thränen
> War mein Aug' im Dom gewandt,
> Und mit Thränen grüßt' ich wieder
> Jüngst mein schönes Vaterland.

> Weinend öffnet' ich die Arme
> Als ich der Geliebten nah;
> Weinend kniet' ich auf den Höhen,
> Wo ich dich zuerst ersah.

[1] Gedichte, 14. Auflage, S. 55 ff.

Der altberühmte Anblick des adriatischen Meeres von der Höhe des 1242' hohen Optschinaberges ist es, den hier Anastasius Grün besingt und der auch heute noch von allen Touristen dem neu eröffneten von der Eisenbahn aus vorgezogen wird.

Die Ueberraschung des Erblickens der Adria ist von Optschina aus eine außerordentliche. Die Straße zieht sich nämlich in mäßiger Steigung immer zwischen phantastischen Felsgebilden des Karst hinau, man erreicht endlich das Plateau, man erblickt das Dach eines einsam stehenden Wirthshauses und den „Obelisken," der zur Erinnerung an einen Fürstenbesuch hierher gestellt worden. Wir eilen darauf zu und — wie auf den Schlag eines Zauberstabes liegt tief unten zu unsern Füßen der schimmernde und wogende Meeresspiegel, die Stadt Triest mit dem bunten Kranze ihrer villengeschmückten Hügel und im Hafen ein Mastenwald ankernder Schiffe!

Ein wunderherrlich Bild unvergeßlich für Jeden, der es einmal geschaut!

Dem Aufenthalte unseres intuitiven Dichters an den Gestaden der Adria danken wir ferner auch die wahrhaft classische Schilderung eines jener altersgrauen Thürme, die mitten im farbensatten Bilde der südlich prangenden meerumspülten Landschaft als Ruinen, traurig sprechende Zeugen brutaler Faustrechtsübungen des Löwen von San Marco, im Contraste mit der lebensprießenden Umgebung doppelt charakteristisch dastehen — warnende „Martersäulen" der Geschichte!

„Der Thurm am Strande," so betitelt sich die erste Abtheilung des „Schutt" und Anastasius Grün beginnt den Gesang wie folgt:

Ich lag im weichen Gras, gelehnt auf Trümmer,
An Istriens vom Lenz umblühten Strande;
Der Himmel quoll in abendros'gem Schimmer,
Das Meer erglomm im purpurrothen Brande.

Sie wollen flammend beid' in Eines fließen,
Nicht sieht das Aug' wo Meer und Luft sich trennen,
Wie sich zwei Lippen an einander schließen,
In einem ew'gen Liebeskuß zu brennen.

Von Liebe wollen Flur und Hain erzählen,
Das ist rings ein Erröthen, Flüstern, Kosen!
Die Wellen hüpfen ans Gestad' und stehlen
Sich flüchtig Küsse von des Strandes Rosen.

Sie legen Nachts gar heimlich und behende
Ans Land der Muscheln farbenreich Geschmeide,
Daß Morgens an der Liebe zarter Spende
Der Rosen Aug sich beim Erwachen weide.

Doch du dort alter Thurm, öd' und zerfallen,
Willst du nicht auch von Lieb' ein Wörtlein sagen?
Mich dünkt es, deine morschen Quadern lallen
Ein böses Lied, aus alten bösen Tagen!

Dein Antlitz blickt so ernst, als ob es zürne,
Und finstres Moos ist dämmernd drauf zu schau'n,
Wie auf des Denkers tiefgefurchter Stirne
Die dunklen und gedankenschweren Brau'n.

Wohl dämmert's in dir von Einnerungen
Wie Schuldbewußtsein in des Sünders Herzen
Du finsterer Geselle, rings umschlungen
Von ros'gen Schäckern und verliebten Scherzen!

Ob deinem Thor ein Wappen, moosumwoben!
Ein Löwe ist's, das Evangelium haltend!
Venedig ha! dein Leu! Wol muß ich loben
Des Sinnbilds Wahl dein ganzes Sein entfaltend!

Der Mähne Königsmantel schüttelnd, Leue,
Doch nicht verleugnend das Geschlecht der Katze,
Das heil'ge Buch des Glaubens und der Treue
Erhoben hoch — doch in bekrallter Tatze!

Großmüthig, wenn gesättigt schon vom Morde,
Und sanft, wenn du gebändigt mußt erliegen
Dein Thron die Kluft, drin nie es Tag geworden
Und doch voll Glanz und Ruhm und Kraft und Siegen!

Sprich und was wolltest du am Thurme dorten?
Ich ahn's, ein Kerker war's! Als Kerkermeister
Hat sich der Leu gelegt vor seine Pforten,
Denn gern in Haft hielt Leiber er und Geister!

Sieh hin jetzt: du zertreten, er zerschlagen!
Sieh selbst dein Werkzeug: Ketten, Eisenstangen
Im Purpurschmuck des Rosts, am Siegeswagen
Der Freiheit, als entthronte Zwingherrn prangen!

Selbst in die Quadern, die den Thurm dir trugen,
Ist einst der Freiheit frischer Hauch gefahren,
Daß sie in wilder Lust aus ihren Fugen
Sich selbst entknechtend taumelten in Schaaren.

Des Löwen von San Marco gierige brutale Tatzen=
griffe nach unserer Heimath blühenden Gefilden, der
es nicht verschmähte, in den Stunden der größten Be=
drängniß Krains durch die türkischen Barbarenhorden
sich mit diesen zu alliiren, um vereint mit ihnen unser
Land zu zerfleischen, in ihrer vollen Bestialität allen
kommenden Geschlechtern zu überliefern, war wohl Nie=
mand geeigneter, als ein Auersperg, dessen Ahnen
in den Kriegsheeren des „letzten Ritters“ und seines
Oberfeldherrn, des bekannten Erich von Braunschweig,
jahrelang im Wippacher Boden und im Görzischen
im Felde lagen, als Vorposten gegen den „Leu von
Venedig,“ dem es aber doch, wie schon angedeutet, ab
und zu durch alle Künste der List und des Verraths
gelang, in Momenten, wo der Landschaft und des
Kaiserheeres ganze Hilfe gegen das Anbrausen des
Osmanensturmes auf der „Wacht an der Save“ von
Nöthen war, Stücke von Innerkrain an sich zu reißen
und insbesondere in den Besitz dessen zu gelangen, was
er im forstreichen Krain am meisten suchte, der Schiffs=
hölzer für seine Flotten, sowie jenes kaum erst entdeckten
und viel begehrten kostbaren Erzes der Quecksilber=
gruben von Idria, dessen Monopol ihm hocherwünscht
erscheinen mußte.

Das Archiv auf Stammschloß Auersperg be=
wahrt die Aufzeichnungen jenes Helden Hanns von
Auersperg, der empört über die Käuflichkeit kaiser=
licher Pfleger und Schloßhauptleute im Friaulischen

und Görzischen, über die Saumseligkeit, mit der man aus den kaiserlichen Arsenalen des Kaisers Kriegsheer mit Waffen zu versehen beliebte, über Verrath an allen Ecken und Enden eine fulminante Beschwerdeschrift direct an den Kaiser richtete, nachdem die meisten Schlösser in Friaul und Istrien (1508) bereits in Venedigs Hände gefallen waren!

Stammschloß Auersperg trotz „Erdpidem" und wiederholter „Türkenvisiten" noch heute wie vor drei=hundert Jahren eine „feste Burg," mit dem riesigen goldglänzenden Hauswappen der Auersperge auf dem mächtigen gegen Südost gekehrten Rundthurme, welch' imposantes Bild bietest du dem Beschauer, ein Bild deutscher Kraft, die dich hier inmitten slavischer Ur=waldswildniß gegründet, deutscher Ausdauer, deutschen Fleißes, wodurch die Auersperge von hier aus die eigene Hausmacht in meilenweitem Umkreise mehr und mehr ausgedehnt, die von hier aus Land und Volk regiert!

Mächtiger, ehrfurchtsgebietender Bau mit deinen tausend und tausend Erinnerungen an Ruhm und Sieg, an Glanz und Ehre, in Rüstkammer und in Ahnen=saal, im Turnierhof und in der Kapelle, wo das „reine Evangelium" gepredigt wurde, mit deinem uralten Lindenbaum vor dem Schloßthore, wie mußte dein Anblick erhebend und beseligend wirken auf den edel=sten der Sprossen des altberühmten Geschlechtes, das dir den Namen gab!

Und wie offenbart sich in dem poetischen Weihe=
gruße, den Anastasius Grün der Burg der Väter
widmete, der wahre echte Dichter, dessen Bescheidenheit
es verschmähte, dem Gedichte eine directe Prägung zu
geben und die es ihm nur andeuten ließ, an welche
Adresse sein „Wandergruß"[1] — so nennt er es —
gerichtet ist. Nur der „Blüthenbaum," den die „Ahn=
frau an ihrem Hochzeitsfeste gesetzt," und dessen Blü=
thenregen dem Dichter wie „Ahnensegen dünkte aus
alter ferner Zeit," wie das Kelchglas, das „den Ur=
ahn und seine Gäste schon gesetzt," lassen uns errathen,
welches „Bergschloß" der wandernde Dichter 'grüßend
meint.

Deutlicher aber wird für uns der Dichter noch,
wenn er sagt:

Und wie ich, vom Born zu nippen,
Mit dem Glas berührt den Mund,
Ist's als ob des Ahnherrn Lippen
Böten mir den Gruß zum Bund.

Und weiter:

Von Geschlechten zu Geschlechten
Schlinge sich der heil'ge Bund,
Fort und fort sein Band zu flechten
Weiht o Glas dich Herz und Mund!

[1] Dieß wunderschöne Gedicht empfiehlt ein gewiegter Schulmann
„zunächst" für den Schulgebrauch. Siehe: Ueber die Verwerthung
der Gedichte des Anastasius Grün für die Schullektüre. Von
Viktor Čileček. Programm der vereinigten evangelischen Schulen
in Wien. 1871—1872. S. 17.

Hier auf Stammschloß Auersperg, umgeben von
der Fülle der Gesichter, die laut redend zu ihm sprachen
von den „heldenhaften" und „wohlweisen" Thaten der
Ahnen, hier überkam den Dichter unwillkürlich der
Gedanke: „es würde eine Geschichte des Schlos-
ses und Geschlechtes Auersperg so ziemlich
die Geschichte des Landes Krain, mit dem
die Geschicke dieser Familie so innig zu-
sammenhängen, namentlich im Mittelalter
und in der Reformationszeit, gleichzeitig in
sich fassen."[1]

Anastasius Grün trug sich dann mit der Ausführung dieser Idee, doch die politischen Ereignisse der
späteren Zeiten und seine großen dichterischen Pro-
duktionen mit dem ganzen riesigen Apparate der ge-
wissenhaftesten historischen Vorstudien und Vorarbeiten
ließen den Dichter nicht dazu kommen, seinen Vorfahren ein Pantheon zu errichten, wie es künstlerisch
vollendeter wohl kaum je ein Werkmeister der Geschichte
zu Stande bringen könnte.

Mußte aber die eigene Familie durch das Zu-
sammenwirken der Umstände einer Verherrlichung und
Verewigung der ruhmvollen Thaten der Vorfahren
von Seite des hiezu vorweg Berufenen entrathen
und stellte die Bescheidenheit des edlen Grafen, als

[1] Schreiben Anastasius Grüns an den Verfasser, dat. Graz,
30. October 1860, als er huldvoll die Widmung meines „Herbard VIII.
von Auersperg" annahm.

die Wahl ihm hiezu blieb, dieß eine Arbeitsprojekt
zuerst zurück in das verborgenste Fach seines an Vor=
würfen reichen Pultes, so war das slovenische Volk
von Krain, dessen Lieder den deutschen Dichter von
Kindesbeinen auf gar mächtig anzogen, glücklicher.
Anastasius Grün hatte sich es einmal vorgesetzt:
„die bereits allmälig verklingende poetische Stimme
dieses merkwürdigen Volksstammes" dem deutschen
Volke zu vermitteln und er brachte diese Vornahme
zur Ausführung trotz alledem und alledem.

Der blutigrothe Niedergang der Freiheitssonne,
die in den „heiligen Märzen" so vielverheißend und
goldiggrüßend aufgegangen war, ließ den Dichter sich
in sein wolumschlossenes Heim auf Schloß Thurn=
am=Hart, wo eine reiche ausgewählte Büchersamm=
lung und der prächtigste Park geist= und körper=
erfrischend seiner harrten, flüchten vor dem rauhen
Kriegeslärmen. Es war im Spätherbste 1849, daß
Anastasius Grün in diesem Tusculum die Ueber=
setzung der Volkslieder aus Krain vollendete,
die sodann 1850 bei Weidmann in Leipzig (166 S.
8⁰.) erschienen sind.

In dem Vorworte — einem Kabinetsstücke cultur=
geschichtlicher Studien — legte der nachdichtende Ueber=
setzer der Lieder, „deren Verlorengehen man bedauern
müßte", seinen Standpunkt der Arbeit gegenüber prä=
cisirend, nachstehendes heute mehr als zur Zeit des
Erscheinens interessante Geständniß ab. „Noch hat

das Germanenthum, seines scheinbaren Uebergewichtes
(auf dem Heimathboden unserer Lieder) ungeachtet,
einen vollständigen, dauernden Sieg nicht errungen,
noch hat sich das Slaventhum nicht als besiegt bekannt,
ja neuerdings führte es nach langer Kampfscheue
jugendlichere und kräftigere Truppen ins Treffen.
Auf welche Seite die Wünsche eines deutschen Dich=
ters sich neigen, darüber kann wol kein Zweifel walten;
doch ist er nicht engherzig genug, das Maß der Be=
rechtigung, die Macht der Begeisterung und heroischen
Thatkraft auch in dem andern Lager zu verkennen
und über dem einseitig starren Festhalten des nationalen
Parteipostens die höheren weltbeherrschenden Losungs=
rufe der Menschheit zu überhören, vor denen das
Feldgeschrei der Nationalitäten verstummen muß, wie
das Wort des Individuums vor der Stimme der
Nation. Daß die großen Fragen, welche die Menschen
bewegen, nicht ohne Mitwirkung der mächtigen Slaven=
familie nachhaltig zu lösen sind, hat in neuester Zeit
das mächtige Rauschen der alten und vieläftigen Slaven=
linde deutlich genug angekündigt. Ein Zweiglein dieses
Baumes aber rührte sich schon vorlängst in den Liedern
unserer Sammlung." [1]

Es würde uns zu weit führen in das Detail des
Buches hier näher einzugehen und daraus auch nur
Proben einzelner der darin vertretenen Gattungen der
slovenischen Volkspoesie anzuführen.

[1] Volkslieder aus Krain. Vorwort S. XXI f.

Wir beschränken uns darauf zu betonen, daß den
Haupttheil das historische Volkslied bildet, wie
es aus dem „Glanzpunkte der Landesgeschichte" aus
den erbitterten Kämpfen mit den Türken als poetische
Erinnerung sich erhalten hat.

Anastasius Grün charakterisirt dieses historische
Volkslied und die Bedingungen, aus denen es hervor-
gegangen, in dem bereits citirten Vorwort mit einer
Präcision und erschöpfenden Drastik, die ihres gleichen
sucht.

„Durch seine geographische Lage — schreibt er —
die trotz aller Friedensschlüsse fast jährlich wiederholten
Einfällen der Grenzpascha's bloßgegeben, war das
ganze Land Krain durch Jahrhunderte ein großes
Feldlager, eine von Geschützen und Rüstungen starrende
Burg; die ganze waffenfähige Bevölkerung, wie die
Mannschaft einer großen Vorpostenwacht in jedem
Augenblicke marsch= und kampffertig und der Signale
(Kreuth= oder Gereuthfeuer) gewärtig, die von allen
Höhen aufflammend binnen wenigen Stunden das
ganze Land zu den Waffen rufen konnten. Da war
jedes Haus eine Schanze, Schlösser und selbst Kirchen
waren befestigte Außenwerke mit Thürmen, Ringmauern
und Gräben (Tabors), vornehmlich zur Aufnahme
der Wehrlosen und der geflüchteten Habseligkeiten be=
stimmt."[1]

„Das belebende Element der dem 16. und 17. Jahr=

[1] A. a. O. S. IX.

hundert angehörenden romanzenhaften Lieder (in denen Kralj Matjaš, König Mathias, der, wie Barbarossa, noch nicht Gestorbene, eine große Rolle spielt) ist ein unersättlicher oft in blutdürstige Grausamkeit ausartender Türkenhaß; bezeichnend und für die echt volksthümliche Abkunft der Lieder zeugend ist das Uebertragen der eigenen Anschauungsweise, Geschäfte und Hanthirungen des Volkes auf seine Helden, der eigenen Sitten und Gebräuche auf fremde Völker, der gegen die nächsten Nachbarn sich kundgebende Provincialhaß und Spott u. dgl. m.[1]

„Obschon Krains Volkslied sein nahes Verhältniß zur Poesie der übrigen slavischen Völker nicht verleugnet, steht es doch mit der serbischen Volkspoesie in allernächster Verwandtschaft. Wenn jedoch das serbische Volkslied im Einklange mit der Geschichte Serbiens als wohlgegliedertes Epos zur Feier vaterländischer Helden als stolzer Triumph- und Siegesgesang nach glanzvoll beendigten Kriegen breit und feierlich dahinrauscht, so klingt eben auch im Einklange mit der Landesgeschichte, Krains Volkslied rasch und abgerissen als kurze Romanze, als frisches Waffenlied, wie es Nachts am Vorpostenfeuer von wachenden Kriegern gesungen zu werden pflegt, die sich munter erhalten, die Nacht kürzen, vor allem aber den Faden, der jeden Augenblick durch Auszug oder Ueberfall

[1] A. a. O. S. XII.

durchschneiden kann, nicht über Gebühr ausspinnen wollen."[1]

Neben dem historischen Liebe dieser Sammlung laufen die häuslichen (lyrisch = idyllischen) Gesänge, das Liebeslied, das Räthsellied und die der benachbarten deutschen Alpenwelt nachgeahmten „Weisen" (Vierzeiligen oder „Schnabahüpfeln").

War die Anregung zu dieser Uebertragung der slovenischen Volkslieder wol zunächst von dem Erscheinen einer Sammlung solcher Lieder in der Ursprache[2] ausgegangen, so geht man doch anderseits nicht fehl mit der Annahme, daß Anastasius Grün die nähere Bekanntschaft mit dem slovenischen Volks- und Sprachgeiste seinem viel früheren Verkehre mit dem bereits erwähnten Landsmanne und Lehrer Franz Prešern zu danken hat.

Daß Prešern im Allgemeinen wesentlich auf das Gemüth des deutschen Dichters wirkte, daß er es war, der die dichterischen Anlagen seines edlen jungen Landsmannes besonders förderte und der Entwicklung entgegenführte, dieß gesteht Anastasius Grün in seinem herrlichen Gedichte: „Nachruf an Prešern" selbst ein.

Dieser Nachruf von Auersperg sofort nach des theuern Lehrers und Freundes erfolgten Ableben —

---

[1] A. a. O. S. XIII.

[2] Die 1839—1844 in Laibach unter dem Titel: Slovenske pésmi Krainskiga naroda (Slovenische Lieder der krainischen Nation) erschienen.

im Februar 1849 — gedichtet, ist nur Wenigen be=
kannt geworden [1] und ist in so vielfacher Beziehung,
persönlich literargeschichtlich und nationalpolitisch hoch=
interessant, daß wir es uns nicht versagen können,
denselben hier vollinhaltlich folgen zu lassen.

Er lautet:

Nachruf an Prešern.

Wer kann
Erhellen die Nacht, die den Geist umspann.
Wer jag'
Den Geier vom Herzen, daß er nicht nag
Vom Morgen zum Abend, vom Abend zum Tag.

In würz'ger Luft, auf blumenbuntem Grunde
Ragt eine Linde neben einer Eiche,
Die Zweige dicht verschränkt zum grünen Bunde,
Als ob ein Freund dem Freund die Hände reiche,
Ob hier das Blatt gezackt sei, dort sich's runde,
Des Laubs und Schattens Farbe bleibt die gleiche!
Uns Nachbarkinder, spielend auf den Matten
Umwölbt des grünen Doms vereinter Schatten.

Da ward kredenzt Glutwein vom letzten Jahre,
Der Keltersegen schwüler Sonnenbrände,
Und als ob Feuer durch die Adern fahre,
In Kampflust flogen an das Schwert die Hände;
Den Reigen löst das Volk, auf daß sich's schaare
Zur Linde hier, zur Eiche dort sich wende;
„Hie Slave," — „hie Germane!" scholl es grimmig
Und Zornesworte brausten tausendstimmig.

[1] Er erschien im Bobnik=Album von Dr. E. H. Costa. Laibach
1859. Kleinmayr und Bamberg. S. 96 f.

Noch schwoll der Zwist, da strich ein flüsternd Klagen
Dahin durch's Säuseln der Slovenenlinde,
Ein Zittern gieng, als mocht' ein Herz ihr schlagen
Vom Stamm zum Wipfel ihr, vom Mark zur Rinde;
Von Männern ward ein Leichnam hergetragen,
Sie lehnten an den Stamm sein Haupt gelinde,
Ein Dichterhaupt! Dem Volke starb sein Seher,
Erschüttert trat ich von der Eiche näher.

Er war mein Lehrer einst! Aus dumpfen Hallen
Entführt er mich zu Tiburs Musenfeste,
Zum Wunderstrand, wo Maro's Helden wallen,
Zur Laube, wo der Tejer Trauben preßte,
Zum Cap Sigeums, dran die Wogen prallen
Wie Waffentosen, bis zu Priams Veste;
Sein Geisterschiff trug keine Flagg' am Ständer,
Nicht blau=roth=weiß, nicht schwarz=roth=goldne Bänder.

Wir sah'n der Griechenfreiheit Todesbette,
Wir sah'n im Blachfeld Rom und Hellas ringen,
Den Sieger dann sich schmückend mit der Kette
Um des Besiegten Haupt den Lorbeer schlingen,
Den Kriegspfeil sinkend vor des Marmors Glätte,
Vom Hauch der mildern Sitte morsch die Klingen!
Im Glanz zerbroch'ner Römerschwerter gleiten
Mir Spiegelbilder spät'rer Kämpferzeiten.

Auf dieses Todten Herz, das nie gewittert,
Geleuchtet nur — leg ich die Hände gerne —
Die Weltenseele quillt, vom Markt zersplittert
Ins Dichterherz zu ruhigem klaren Kerne

Das Licht, das rings verirrt in Funken zittert,
Im Dichterherzen sammelt sich's zum Sterne;
Wenn Haß das Volk hinaus zum Streit getrieben,
Vergräbt's, wie Gold, ins Dichterherz sein Lieben.

Den bleichen Mund umschließt ein heit'rer Friede,
Als woll' er mild zu seinem Volke sprechen:
„Die Zunge löst' ich dir mit meinem Liede
Zu vollern Klängen gleich krystallnen Bächen;
Ich war ein Schmied, der dir die Pflugschaar schmiede,
Der Sprache langverödet Feld zu brechen;
Und willst du froh an's Erntefest schon denken,
Noch manches Korn mußt du zur Furche senken.

„Der goldne Eimer geht im Völkerringe
Von Hand zu Hand aus deutscher dir zu thauen;
Du zückst das Schwert, daß deinen Dank es bringe
Die Hand, doch nicht die Wohlthat kann's zerhauen!
Der Geist der Zeiten fährt in Faust und Klinge,
Wenn Haupt und Herz den Eingang ihm verbauen,
O thöricht eitles Müh'n, des Geistes Blitze
Ablenken wollen in die Degenspitze!"

Das Weltgestirn steigt aus atlant'scher Welle
Glanzvoll, unhemmbar deinem Widerstreben;
Der West wird Ost! Liebst du die Morgenhelle,
Gen West zum Aufgang mußt dein Haupt du heben,
Willst du den reinen Born, schöpf' an der Quelle,
Der Rheingott keltert nicht bloß irb'sche Reben;
Verschmähst du kunstgeformte goldne Schalen,
So trink aus holzgeschnitzten Feldpokalen.

Es geht vom Hunnenkampf ein altes Sagen
So rast der Grimm, daß, die im Feld gefallen,
Als Schatten noch fortkämpfen, luftgetragen
Die Geisterfaust noch in den Wolken ballen!
Ein mild'res Kampfrecht gilt in mild'ren Tagen,
Das Licht vereint die Streiter und es wallen
Versöhnte Geister durch die Feuerwolke,
Im Stern des Ruhmes vorleuchtend allem Volke.

Der größte Genius der Slovenen deren erster Kunst=
dichter,[1] den man kühn neben Petrarca nennen kann,
er ging von den Seinen vielfach angefeindet, von den
Fremden ungekannt und ungewürdigt durch das Leben,
war er doch ein echter Sohn seiner Nation, „kalt und
verschlossen, mißtrauisch und unzugänglich.“

„Krains Volk und Land“ — sagt Anastasius
Grün[2] wahr und treffend — haben dieses gemein,
daß sie ihre guten Eigenschaften und unbestreitbaren
Vorzüge nicht zur Schau zu tragen wissen, wie denn
das Land gerade seinen unschönsten und unfruchtbarsten
Theil an der großen Heerstraße ausgebreitet hat.“

Krains märchenhaft schöne Gebirgswelt blieb der
staunenden Welt lange ein Buch mit sieben Siegeln.
Erst der jüngsten Zeit war es vorbehalten, den alten
Handelsweg aus dem Süden von Venedig her durch

---

[1] Zu den schönsten Gedichten Prešerns gehört seine Ballade:
Rosamunde von Auersperg, die Germonik deutsch nachdichtete.
(Laibach 1865   J. Blasnik.)
[2] Volkslieder aus Krain. Vorwort S. V,

das krainische Oberland nach Kärnthen und in das
Salzburgische wieder zu eröffnen. Der Schienenweg der
Kronprinz=Rudolphbahn hat diese uralt wichtige
Verbindung wieder hergestellt und zugleich den Freunden
der Natur die herrlichsten Alpengegenden Oesterreichs
um den Mangart und Triglav, um den Dach=
stein und Traunstein, die Tauernkette und was
an Vorbergen drum und dran hängt, die vielen ver=
schiedenfarbigen hellschimmernden und tief dunkeln Alpen=
seen, die wunderbarsten Gebirgsthäler und „Gräben“
zu einladendstem Besuche erschlossen.

Am jungfräulichsten präsentirte sich bei dieser Braut=
schau der Natur die Alpenwelt Oberkrains, die bis
dahin nur höchst selten das Augenmerk der Menschen
auf sich gezogen, da der Weg zu ihr mit fast unüber=
steiglichen Schwierigkeiten verbunden gewesen.

Das wild romantische Oberkrain mit dem „drei=
köpfigen Bergwardein“ Triglav, mit dem tosenden
„Wasserfalle der Savica,“[1] mit den die Sonnen=
strahlen lustig wieder spiegelnden, Wiesengelände und
Auen umschlingenden Savearmen, mit den blauen
Seen in der Wochein bei Weißenfels und Veldes,
mit seinen dichten uralten Forsten und den festen wie
aus den Felsen heraus gewachsenen Bergschlössern, es

---

[1] „Die Taufe an der Savica“ betitelt sich das meisterhafte
slovenische Epos Prešerns, das die Taufe des letzten slovenischen
Heiden und Heerführers Certomir durch die Franken behandelt und
das Heinrich Penn in wohlgelungener Uebersetzung (Laibach 1866.
Otto Wagner) dem deutschen Volke vermittelt hat.

ist ein kostbar Juwelenkästchen, das so lange unentdeckt im Verborgenen ruhte.

Der Mittelpunkt aber, um den sich all' die Pracht und Herrlichkeit dieses nun vollends gehobenen Schatzes gruppirt und von dem strahlenförmig die Wege aus= laufen, die zu all' den einzelnen „Perlen" dieses Ge= birgsstriches führen, ist das schon in ältesten Zeiten in der Heimath bekannt gewesene Bad Veldes, an dem reizenden gleichnamigen See, mit der Votivkapelle auf der Insel mitten innen, mit dem alterthümlichen Schlosse zur Seite, das auf jäh abfallendem Berghang hin= gebaut, die überraschendste Fernsicht gewährt, dann rings am Ufer eingefaßt von einem Kranze zahlreicher Villen und Landhäuser, die Mode und Speculation mit Hast schon auch hier herein gebaut.

Schüchterner und scheuer noch, als sonst schon Lan= desfitte, treten vor diesen „Neubauten" die urwüchsigen Bauernhütten und ländlichen Wirthshäuser zurück, die vordem die einzigen Wohnstätten ringsum den See vorgestellt.

Unser Dichter aber, Anastasius Grün, er läßt bei jedem neuen Besuche von Veldes seinen Kahn noch immer gerade aus über den See steuern nach dem alten Gasthause „zum Petran," wo man unter der Bäume schützendem Dache in idyllischer Ruhe weilen kann.

Wiederholt hat Auersperg die Schönheiten des krainischen Hochgebirges, die Reize der Gegenden um Veldes sich beschaut und wie in allgemeinen Zügen in

dem Eingangs mitgetheilten Gedichte „Illyrien" so im
Besonderen in einem nach Form und Inhalt gleich
meisterhaften eigenen Poem künstlerisch reproducirt.

Die „Dioskuren" — ein vom österreichischen
Beamtenvereine herausgegebenes vom Hofrathe R. v.
Falke des äußeren Amtes trefflich redigirtes Jahr=
buch — haben in ihrem dritten Jahrgange 1874 das
stimmungsvolle Gedicht: In Veldes von Anasta=
sius Grün einem weiten Leserkreise vermittelt.

Wir heben daraus die malerische Schilderung der
Scenerie hervor, da wohl kaum je das Lob der herr=
lichen Gegend mit schöneren Worten gepriesen, mit
froheren Farben gemalt werden dürfte.

„Unter des Landmannes ärmlichem Strohdach in
die Landschaft hinausblickend," singt Anastasius
Grün:

„Du grünendes Thal, du kristallener See,
Du liebliches Eiland mit blinkendem Kirchlein,
Ihr trotzigen Felsen, ihr lauschigen Forste,
Die ihr mir Aug' und Sinne umstrickt,
O löst mir das Räthsel und nennt mir das Wunder,
Womit ihr das Herz auch in Wonnen berauscht,
Den Geist auch in fesselnden Zauber mir bannt?

Dort ragt er empor hoch über den Seinen
Triglav, der uralte, das heilige Dreihaupt
Mit weithin leuchtender Zackenkrone,
Der Erste, der Morgens den Purpur trägt,
Der Letzte, der Abends ihn fallen läßt;

Der Urahn eines Geschlechts von Giganten,
Vom Silberbart die athletische Brust,
Von eisigen Locken die Schultern umwallt,
Die Stirne getaucht in sonnige Glorie;
Doch auch umflort von ziehenden Wolken,
Wie von den Schatten tiefernster Gedanken.

Und wie zu festlichem Rathe versammelt
Umstehn den Altvater die Hünengestalten
Von Söhnen und Enkeln und Enkelkindern,
Die Berge und Hügel in faltigen Mänteln
Der Wälder mit blumengesticktem Saum;
Darunter schon Greise mit Schnee auf den Häuptern,
Doch Knochen von Marmor und Mark von Erz.
Am Seestrand wacht ein Jüng'rer der Sippe,
Der Fels mit der Burg, ein Krieger in Waffen
Zum Hüter bestellt dem geheiligten Becken;
In glattem Panzer, in steinerner Rüstung,
Das Haupt mit dem Ritterschloß behelmt,
So ragt er steil und starr und senkrecht,
Und um die Brust ihm flüstern und schauern
Die Todeslüfte des schwindelnden Abgrunds.

Das Eiland doch mit dem schimmernden Kirchlein
Inmitten des blinkenden flimmernden See's,
Das jüngste wol ist's der Enkelkinder.
Es breiten die Wellen sich ihm zum Teppich
Wie blinkendes Linnen, wie flimmernde Seide,
Drauf kniet das Kindlein, die Hände gefaltet
Zu stillem Gebet in gläubiger Andacht;
Dann wieder erhebt es sein Singen und Klingen
Mit reiner silberner Glockenstimme.

Zerstreut wie sein fallen gelassenes Spielzeug
Am Ufer liegen die Stätten der Menschen,
Wie farbiger Tand nürnberg'schen Schnitzwerks
Von Häusern und Hütten und zierlichen Villen.

O Thal der Zauber, voll Größe, voll Anmuth
Erhaben, wie in den Wolken der Donn'rer,
Liebreizend, wie die erblühende Jungfrau;
Das Menschenherz hat wiedergefunden
In dir sich selbst, sein Streben, sein Lieben,
Denn weil es zu Kleinerm sich niedergebeugt
Und weil es zu Höherm empor sich schwingt,
Belebt es das All mit dem eigenen Sein.

Nach dieser beschreibenden Einleitung bringt der
Dichter die Sage vom „Wunschglöcklein" in der
Wallfahrtskirche im See. Was er der Freiheitssänger
beim Läuten dieser Glocke für das Land wünscht, das
ihm „Leben, Lied und Liebe gab," davon wollen wir
ganz am Schlusse sprechen!

Alpenlüfte der grünen Steiermark.

O Gier, o Luft,
Zu schlürfen reiner Bergluft Hauch,
In ihren freien Wellen auch
Zu baden die befreite Brust.
                    Anastasius Grün.

„Das sind die zwei Hauptmomente der Natur, die mich gebildet haben — schreibt Lenau an Schurz[1] — dieß atlantische Meer und die österreichischen Alpen; doch möchte ich mich vorzugsweise einen Zögling der letzteren nennen.“

Ein Gleiches gilt von dem Einflusse, den diese Alpen auf den Dichterfreund Lenau's — auf Anastasius Grün genommen.

Wir haben schon in dem vorigen Abschnitte den Dichter Auersperg im treu innigem Verkehre mit den Alpen der engeren Heimath Krain belauscht, noch trauter

---

[1] Lenau's Leben. Großentheils aus des Dichters eigenen Briefen. Von seinem Schwestermanne Anton X. Schurz. Stuttgart und Augsburg. J. G. Cotta'scher Verlag. 1855. I. Band. S. 196.

und inniger, weil viel häufiger und zu allen Zeiten
verkehrte Anastasius Grün mit dem Alpenleben
der „schönen grünen Steiermark," in welchem Lande
er seit seiner Verheirathung mit Maria geb. Gräfin
von Attems (Tochter weil. des Grafen Ignaz Attems,
Landeshauptmanns von Steiermark), 10. Juli 1839
seinen bleibenden Wohnsitz aufgeschlagen hat.

Die vielfachen verwandtschaftlichen Beziehungen zu
den Adelsfamilien der Steiermark, in denen sein im
Nachbarlande Krain zu so hoher Macht und zu so
hohem Ansehen gelangtes Geschlecht, die Jahrhunderte
her gestanden und in die Auersperg durch diese seine
Vermählung mit der Sprossin aus dem ersten Adels-
hause des Steierlandes neuerdings eingetreten war,
sie ließen ihn gar oft den Fuß setzen in die jagdreichen
„Graben" von Obersteier, wo sich ihm gleichzeitig im
Genusse der Waidmannslust öffnete das — „Geheimniß der Alpenhallen."

Dieses „Geheimniß," er hat es in seinen tiefsten
Tiefen ergründet, er hat es mit heiligstem Gefühl in
sich aufgenommen, keusch und rein im Dichtergemüth
bewahrt und rein und klar und unverwischt in seinen
dem Gebirgsbache an ungetrübter Helle und Klarheit
gleichen Dichterergüssen wieder gespiegelt!

Wie gesinnt man zu den Alpen wandern, wie ge-
stimmt man von ihnen heimkehren mag, er sagt es
uns in dem wunderbar empfundenen und drastisch aus-
gestalteten Gedichte: Zwei Heimgekehrte.

Zwei Wanderer zogen hinaus zum Thor
Zur herrlichen Alpenwelt empor.
Der Eine gieng, weil's Mode just,
Den Andern trieb der Drang in der Brust.

Und als daheim nun wieder die Zwei,
Da rückt die ganze Sippe herbei,
Da wirbelt's von Fragen ohne Zahl:
„Was habt ihr gesehn? erzählt einmal!"

Der Eine drauf mit Gähnen spricht:
„Was wir gesehn? Viel Rares nicht,
Ach Bäume, Wiesen, Bach und Hain,
Und blauen Himmel und Sonnenschein!

Der Andre lächelnd dasselbe spricht,
Doch leuchtenden Blickes mit verklärtem Gesicht:
„Ei Bäume, Wiesen, Bach und Hain
Und blauen Himmel und Sonnenschein."

Bäume, Wiesen, Bach und Hain und blauer Him=
mel und Sonnenschein, das sind aber nur der erste
Grad des Geheimnisses der Alpenwelt; ein „höherer
Grad," nur besonders Erwählten zugänglich, weil selten
sichtbar, ist das Alpenglühen!

Anastasius Grün hat es geschaut mit sinnigem
Auge und glühendem Herzen des Poeten.

Er ruft es begeistert aus:

— sieh vom Flammenkranz umschlungen
Das Haupt der Alpen, gluthumrollt,
Als ob zu sparen ihr gelungen
Ein Theil von ihrem Tagesgold.

Als ob tagüber sie gefangen
Zum Kranz die Rosen all im Thal;
Als ob beim Tag dir von den Wangen
Du Volk des Thals das Roth sie stahl.

Einen weiteren Grad der Erkenntniß des hohen
Geheimnisses bildet ein Sturm auf dem See.

Mit dem Pinsel des vollendeten Landschafters malt
uns Auersperg solch' einen Sturm.

Es beschaut in Wellenkläre
Sich der Fels, ein schöner Greis,
Durch den See zieht meine Fähre
Leise ihr kristallen Gleis.

Vorn im Schiff, das Ruder rührend,
Scherzt die schlanke Schifferin!
Hinten fest das Steuer führend
Starrt ihr Vater ernst dahin.

Vorn am Schiffe scheint zu glimmen
In der Fluth ein rother Schein;
Sind es Rosen, die da schimmern?
Mädchen, sind's die Wangen dein?

Hinten an dem Steuer blinken
Rings die Wellen silberweiß;
Spiegeln sich der Gletscher Zinken?
Ist's dein Lockenschnee, o Greis?

Doch urplötzlich werden die Wellen rege, „Rose"
und „Schnee" verschwinden, als zöge sie eine Geister-
hand nieder in den tiefen See.

Ungethüme sind die Wellen,
Bäumend hoch den Leib empor
Ihre Zottenmähnen schwellen
Und ihr Rachen heult im Chor.

Ungestüm im tollen Satze
Springen schnaubend sie heran,
Hau'n die grimme weiße Tatze
In den morschen, schwanken Kahn.

Aber peitschend ihre Flanken
Wild der Greis sein Ruder schwingt,
Bis die Bestienhord' im Schwanken
Knirschend, heulend, ihm entspringt.

Leis die krausen Schädel streichelnd
Rührt die Maid ihr Ruder nun,
Bis, wie Hündchen, wedelnd schmeichelnd
Alle ihr zu Füßen ruhn.

Wieder schimmern Ros' und Schnee!

War ein Kämpfen das und Kosen
Abzuringen von dem See,
Mädchen, du die Handvoll Rosen,
Alter, du die Handvoll Schnee!

Der höchste Grad des Geheimnisses, das nur dem
Gottbegnadeten sich ganz und voll erschließt, ist aber
unstreitig die Erkenntniß der Bewohner der Alpen=
welt.

„Alpensöhne frei und bieder,"

ruft Anastasius Grün.

> „Wenn in unsre Städt' ihr wallt,
> Jauchzt ihr auch das Lied hernieder,
> Das auf euren Bergen hallt;

> Wollt auch unsern Augen bieten
> Was auf euren Alpen blüht: ·
> Rosen auf den grünen Hüten
> Und wol Rosen im Gemüth."

Doch er brauchte nicht erst darauf zu harren, er hat ihrer „Berge Hochgebiet" erklommen und sie in ihrem Wesen tief erfaßt; ihm hat sich dieses „höchste Geheimniß" leicht und vollends eröffnet!

Die bescheidene Frage des bescheidenen Sängers:

> „Bring auch ich euch würd'ge Gabe,
> Kranz für Kranz und Lied für Lied?"

er hat sie glänzend gelöst in jener „Gebirgsreise" im „Pfaffen vom Kahlenberg," in der er die „Urmenschen" der Alpen jedem Genremaler zum Trotze mit sorgfältigster Treue und in lebensvollster Wahrheit abkonterfeite.

> „Wenn dir Alpensöhne"

— befiehlt Herzog Otto dem voranziehenden Nithart —

> „In ächter Urkraft, schlichter Schöne,
> Begegnen in den Alpenstegen,

Noch unberührt vom Städtehauch
Und von der Niedrung Lastern auch,
Dann zeichne mir den Ort, das Haus
Mit einem Alpenrosenstrauß.

Der Herzog mit dem Pfaffen Wigand ziehen
hinterher.

Sie sehn die ersten Hütten steigen
Da jauchzt der Pfaff: Ha Nitharts Zeichen,
Es schwankt sein Alpenrosenstrauß
Als Zeiger dort am Bretterhaus.

Sie nähern sich der Hütte

An offner Thür sie lauschen leis,
Da sitzt ein silberlockiger Greis,
Sein Töchterlein in Leibesschöne,
Ein Hirt, ein Jäger, seine Söhne,
So edle hohe Kerngestalten,
Als hätten magische Gewalten
Vier Götterbilder aus Griechenhallen
Entführt auf nordischen Alpenboden,
In Marmor hauchend Lebenswallen
Und sie gehüllt in Steirerloden.
Der Alte rührt die tönende Zitter,
Wie rieselnder Wellen keusch frohlocken,
Wie Windesschmeicheln in Wälderlocken,
Wie rasche Schläge der Hochgewitter
Von Mund zu Munde wechselnd zieht
In kurzen Strophen das Alpenlied;
Vierversig jetzt, als wie getragen
Zum kecken Satz auf Gemsenbeinen,
Die stampfend das Gerölle schlagen

Gutmüth'gen Spotts aus scharfen Steinen;
Zweiversig jetzt, als wie gehoben,
Auf Lerchenflügeln zu Sonnenauen
Die Schwingen goldet der Jubel droben,
Doch netzt sie auch der Wehmuth Thauen.
Wenn Poesie dieß Haus besucht
Trägt sie den Sternenmantel nicht
Mit reicher wallender Faltenwucht,
Mit krausen Zierraths funkelndem Lichte,
Den Kunst aus feuchtem Stoff ihr wirkte
Und mit Symbolen und Chiffern umzirkte:
Prunklos betritt sie diese Schwelle
Und bringt nur bunte Kinderbälle.
Jetzt singt der Hirt, der greise Mann,
Die Dirne drauf, der Jäger dann,
O seht, wie hier im Kreise sprangen,
Nun fortgeschnellt, nun aufgefangen
Der Alpenkinder Liederbälle,
So leichte, farbenbunte helle,
Wie luftgetragne Seifenblasen!
Doch spiegelt sich im Schaumkristall
Die Alpenwelt mit Wasserfall,
Mit dunklem Wald, mit lichtem Rasen,
Den Himmel selbst in Sturm und Ruh,
Manch gut Stück Menschenherz dazu,
Bis Ball und Bild in Schaum zerrannen.
Pfaff Wigand unterbricht das Lauschen:
„Das sind der Berge Menschentannen,
Das ist der Alpenwasser Rauschen."

Der Dichter läßt Fürst und Pfaffen weiter wan=
dern, bis sie wieder sehen Nitharts Zeichen, den
Alpenstrauß winken am nächsten Haus, und läßt sie

nun uns schauen das Gegenbild von der „Berge
Menschentannen."

Sie lauschen an dem Fenster schon,
Da sitzen Vater, Tochter, Sohn,
All ungestalt des Blödsinns Beute
So mißgestalte Krüppelleute,
Als hätt' ein unfreiwilliger Spötter
Geschnitzt mit Stümperhand in Eile
Aus Kieferknorren mit stumpfem Beile
Zerrbilder jener Marmorgötter;
Ein Kobold noch zum Zeitvertreib
Den Ort für Bein und Arm vermischt,
Der lange Arm den Boden wischt.
Das kurze Bein knickt unterm Leib,
Drauf Zauberspuk die Puppennasen
— Nußknacker und Alraun vermengt —
Ein Greisenleben eingeblasen,
Und Felsen an den Hals gehängt,
Daß selbst ihr Lachen knurrt wie Grollen,
Sterbröcheln scheint ihr Athemrollen,
Ihr Sprechen fernes Wehruflallen,
Des Trunknen in den Brunn gefallen.
Den engen Stirnenpfad beschritt
Noch kein Gedanke siegeslicht,
Des Munds verfallnem Schacht entglitt
Des Worts stoffreiches Erz noch nicht;
Im Antlitz nie das Lächeln spielt
Dieß Elfenkind aus Rosengärten,
Nur aus den trägen Augen schielt
Ein Wehmuthtraum all des Entbehrten;
Unfolgsam sind der Willenskraft
Die Glieder ohne Wahl gerafft

Vom Leib der Riesen und der Zwerge. —
Wigand neigt sich an Otto's Ohr:
„Das Menschenkrummholz ist's der Berge,
Der Unkenruf im Alpenmoor."

Nacht ist's um uns, die tiefsten Schatten des
Berglandseins umgeben uns, doch nur auf eines
Augenblickes Weile, denn der versöhnende Dichter läßt
alsogleich neues Lichtleben durch die Scheiben brechen.

Da tritt ein Bergmann in die Stube
Und schüttet vor die Blöden frisch
Manch klingend Münzstück auf den Tisch,
Ein Theil des Wochenlohns der Grube:
„Zu füllen meinen Arm mit Kraft,
Hat euren Arm der Herr erschlafft,
Drum mit dem Sold gesunder Glieder
Erstatt ich euer Erbtheil wieder."

Da zollt die schöne Sennerin
Manch Wecklein Butter in Blättern rein:
„Sucht mich das Aug des Liebsten mein,
Euch dank ich's mit gerührtem Sinn,
Die ihr auf euch zu meinem Frommen
Des Leibes jeden Fehl genommen."

Ein Jäger kam; vom Rücken glitt
Des feisten Bockes Keulenstück:
„Den scharfen Blick, den sichern Tritt,
Die feste Hand, das Schützenglück
Euch dank, euch zahl ich's gern zurück."

Da bringt ein junges Bauernweib
Des weißen Brods manch rundes Laib:

Ihr die von uns mild abgelenkt,
Was Weiber lähmt und Seelen kränkt,
Nehmt jede Makel, jede Klage
Vom Kindlein, das im Schooß ich trage."

Ein Kenner des Alpenlebens, wie kaum ein Besserer und mehr Gründlicher gedacht werden kann, hat Anastasius Grün es versucht, das sog. „Jodeln" (Jauchzen) der Bergbewohner in ein Wortbild zu fassen und es ist ihm überaus glücklich gelungen.

In derselben „Gebirgsreise," im Pfaffen vom Kahlenberg, hat er es niedergelegt.

Er „hört" es so:

Die Sennin aus dem Hüttenraum
Tritt an der Felswand steilsten Saum,
Nun jauchzt ein Schrei, dort jauchzt er wieder,
Drauf hier und dort, bergan, thalnieder
Fraunstimmen, Männerrufe gemengt,
Ein Flöten süß vom Jubeln versprengt,
Als ob durch girrende Taubenschaaren
Ein brausender Schwarm von Sperbern gefahren.
In Lüften wogen, branden, verschwimmen,
Klangfluten rings in tönendem Streiten
Ein wirrer Knäul verschlungener Stimmen!
Doch Liebe faßt aus all den Fäden
Den rechten, ihre Bahn zu leiten,
Und lieblich löst und knüpft sie jeden.
Horch, wie die Stimmen sich entwirren,
Je zwei und zwei in seligem Reigen
Sich dicht umkreisen, sich näher schwirren,
In Eins nun klingen und nun schweigen!

Ein Stimmenpaar erstarb nicht ferne,
Dann süße Stille, schweigende Sterne;
Der Adler schwebt zum Felsenneste,
Wildtaube flattert in die Aeste.

Diese Lust auf den Bergen, in den lichten Höhen
nimmt ihr Ende, sobald die Sennin sich zum Abzug
rüstet.

„Der Sennerin Heimkehr," ein reizend Ge=
dicht mit unendlich zarter Pointe, ist ein „Gauermann"
in Versen.

Horch, was erklingt vom Berge
Wie voller Glockenklang?
Was tönt zum Thale nieder
Wie süßer Brautgesang?

Das ist mit ihrer Heerde
Die junge Sennerin,
Die von den Alpen nieder
Zur Heimath wallt dahin.

Die schönste ihrer Kühe
Mit hellem Glockenlaut,
Geschmückt mit frischem Kranze
Wallt vorn, wie eine Braut.

Rings um sie hüpft so fröhlich
Die ganze Heerde drein,
Wie treue Jugendgenossen,
Die sich des Festtags freu'n.

Der schwarze Stier bedächtlich,
Wie's solchem Herrn gebührt,
Folgt wackelnd als dicker Abbas,
Der stolz den Brautzug führt.

Und vor dem ersten Hause
Jauchzt dreimal hell die Maid,
Daß laut es gellt durchs Dörflein,
Durch Thal und Alpen weit.

Die Sennin grüßt alle bekannten Weiblein herzlich
nach allen Seiten und klagt, daß sie den ganzen
Sommer über auf der Alpe allein gewesen; sie grüßt
alle Bursche, nur den schönsten nicht, doch den scheint's
nicht zu grämen, er läßt es lächelnd geschehen.

Er hat wol auch die Schöne
So lange nicht gesehn?

Er trägt ein grünes Hütlein
Und Alpenrosen drauf. —
Ei, solche Alpenröslein
Blüh'n sonst im Thal nicht auf.

Die Doppelliebe zur Alpe und zur Sennin, sie
fesselt des „Gebirges schlanken Sohn" so gewaltig an
das Heimathsdorf, daß er, zu den Soldaten genommen,
das Heimweh nicht bezwingen kann und gar oft die
Fahnenflucht und was als Strafe darauf steht, den
Tod dem Siechthum hinter dem Kalbfell vorzuziehen
pflegt.

Aus dem besten Burschen wird ein — Deserteur!

Auch diese Eigenthümlichkeit des Alpenvolkes hat Anastasius Grün in unnachahmlicher Charakteristik wiedergegeben.

Der Deserteur, geschlossen sitzt er auf der Hauptwache, der morgen früh erschossen wird, da er dreimal der Fahne entflohen; er nimmt Abschied von der Mutter. Bei den Soldaten habe man Treu und Eid von ihm abgenommen

> Die ich doch und nicht erst heute
> Meiner lieben Sennin gab.

> Hoch von langen Stangen wallten
> Fetzen Tuchs, drauf sie recht fein
> Ein geflügelt Raubthier malten
> Und da sollt ich hinterdrein.

> Dem Gevögel Adlern, Geiern,
> War ich doch mein Lebtag gram;
> Schoß manch einen, der zu euren
> Und der Liebsten Heerden kam.

> In zweifarbig Tuch geschlagen
> Knebelten mich Spang' und Knopf;
> Einen Höcker sollt' ich tragen
> Und als Hut solch schwarzen Topf.

> Besser läßt, das sieht doch Jeder,
> Mir der grüne Schützenrock,
> Auf dem Hut die Schildhahnfeder,
> Stutzen auch und Alpenstock.

Morgen, wenn die Schüsse schüttern,
Mutter denkt, daß fern von euch
Im Gebirg bei Hochgewittern
Mich erschlug ein Wetterstreich!

Und die Sennin, sie hat dieß Ende des Liebsten
vielleicht nicht lange überlebt und ruht vielleicht
bald darnach auf dem Friedhof im Gebirge.

Dieser „Friedhof der Alpen," dessen Hügel so
„friedensgrün am Tannenwald schwellen," er regt den
Dichter zu metaphysischen Betrachtungen an. Er
apostrophirt ihn:

Nicht hast dem Friedhof gleich der Stadt umzogen
Mit blanken Mauern du den Wellenschwall!
Die sanften Hügel, als empörte Wogen
Durchbrächen überfluthend bald den Wall.

Auf ihnen wogen nicht im fahlen Schimmer
Steinkreuze, Säulen, Katafalke fort,
Und Urnen, Pyramiden, gleichwie Trümmer
Vom Wrack des Lebensschiffs, gestrandet dort.

Nein sie verspülen sanft und frei! — Entstiegen
Ist draus ein Kreuz allein, kunstlos und schlicht
Als Leuchtthurm wol, der, wenn die Sterne schwiegen
Auf diese dunkle See ausgießt sein Licht.

Der Vollmond quillt durch dunkle Tannenreiser
Und münbet seinen Lichtquell wellenwärts,
Die Waldeswipfel flüstern immer leiser
Und stiller Meeresfahrt gedenkt das Herz.

Du träumst dein Haupt verhüllt in Silberschleiern
Und ahnst, o Tannenbaum, wie du als Kahn,
Einst wirst hinaus ein Kind des Friedens steuern
In diesen stillen, grünen Ocean!

Zwei Stätten in der schönen grünen Steiermark
sind es, denen Anastasius Grün in seinen Werken
speziell mit Nennung ihrer Namen und mit Schilderung
des Lokals unvergängliche Denkmäler gesetzt.

Die Eine ist Neuberg im Mürzthale, die ehe=
malige Cisterze, die Herzog Otto der Fröhliche, der
„Fürst“ des Pfaffen vom Kahlenberg, ins Leben ge=
rufen; die Andere das Wallfahrtskirchlein Maria
Grün nächst Graz.

In Neuberg:

Da springt die Mürz, Mühlräder jagend,
Vorbei an Wiesen, Ackerstreifen,
Ein spielend Kind, die rollenden Reifen
Vor sich zu Sprung und Tanze schlagend;
Längst hat sich Werkfleiß angesiedelt,
Maschinen rauschen, es sprühen die Essen.

Einförmig stampft ununterbrochen
Durch Nacht und Tag, durch Lust und Leid,
In gleichem Maß des Hammers Pochen
Nachhallend in der Runde weit.

Und stockt einst dieses Pulsschlags Pochen,
Des Thales Leben ist gebrochen.

Wie des Klosters Quadermassen zerbröckelnd fielen,
als „der Mönche Zeit war um," „das Werk voll=
bracht," „vorüber ihre Waffenwacht," der Mönche Dom,
die Klosterhallen, die „Geisteresse" sind verlassen, und
nur im Kreuzgang sieht man noch

> in Bildern wohlerhalten
> Die Reihen der harten Schmiedemeister,
> Die Bändiger der Feuergeister,
> Der Aebte düstere Gestalten,
> Den Blick gesenkt, die Stirn in Falten!

Mitten im dichtesten Waldesgrün, in unmittelbarer
Nähe, ja fast vor den Thoren der reizenden Murstadt,
liegt einer der beliebtesten Ausflugsorte der Grazer,
und ab und zu im Jahre ein, von weit und breit
herkommenden Wallfahrern, gern besuchter Gnadenort:
Maria Grün, wo die gewöhnliche Waldesstille ab=
wechselnd durch die dicht vor dem kleinen Kirchlein
gelagerten Massen der Spaziergänger und Beter singend
und lärmend, tanzend und johlend unterbrochen wird.

Auf dem Platze, wo einst ein Eremitenkirchlein
gestanden, der Sitz des Vorstehers aller Brüder des
Eremitenordens in der Steiermark, da erbaute 1665
der Wirth „zum Hasen" aus Graz, Herr Fritz, zufolge
eines Gelübdes für die glückliche Entbindung seiner
Gattin, die Marienkirche, und zwar, wie die Sage
geht, gerade an der Stelle, wo der Stein entsank
dem Kinde, der erste, den es heben gekonnt.

Die Sage der Gründung von Maria Grün

hat Auersperg in der naiven Sprache, wie sie dem Gegenstande entspricht und mit dem derben Humor der Zeit, in der dieselbe fällt, zur Darstellung gebracht.

Das mit andern dem Orte gewidmeten Poesien an einem Obelisk daselbst prangende Gedicht schließt mit den Versen:

Wohl sieht man zur Stelle ein Kirchlein stehn,
Man nennt es Maria Grün,
Noch sieht man das Thal so wunderschön,
So grünend und duftend blühn.

Das hat zu Mariens und Gottes Ehr
Vor Jahren ein Wirth gethan;
Die Enkel doch bauten — dem Wirth wol zur Ehr? —
Vorlängst eine Schenke daran!

So mische sich Jauchzen und Becherklang
Mit Psalmen und Glockengeläut!
So tanze der schwarze Meßner entlang
Mit rosiger Kellnerin heut!

Kärnthens altes Recht und alter Brauch.

So lang der Fürstenstein in Ehren,
Steht auch urächt und ungeschwächt
Das alte freie stolze Recht.
Anastasius Grün.

Nach dem 1414 zuletzt geübten alten Brauche wurde jeder Herzog von Kärnthen bei seiner Thronbesteigung durch einen Bauersmann mit dem Lande belehnt und versprach zugleich die Rechte und Freiheiten der Unter=thanen zu schützen.

Diese eigenthümliche Belehnung, die auf freiem Felde vor sich ging, und auf die sich der Kärnther nicht wenig zu Gute that, weil sie dem stolzen Selbstgefühle des eigengearteten, „wie seine Berge harten Volkes" so prächtig entsprach, hat Anastasius Grün im „Pfaffen vom Kahlenberg" treu und warm geschildert.

„Traumgeister ziehn durch's Kärnthnerland"

Der Dichter führt uns zur Hütte Edlings des Bauers, „des Mannes, der Kärnthens Herzoge macht," wie er in sternenloser Nacht mit seinem blonden Sohne eine Zwiesprache hält über altes Recht und alten Brauch.

Weib und Gesind ist längst zur Ruh,
Der Alte klappt sein Kelchglas zu

und mustert flüchtigen Blicks die Festgewänder, langt
dann vom Wandbrett ein staubig, spinnumwundenes
Kerbholz und ein altes, in braune Haut gebundenes
Buch. Dann er zum Jungen also spricht:

Zum Wächter seinem alten Recht
Betraut das Land mein alt Geschlecht;
Der Pflug schrieb in die Feldmark tief
Uns ährengolden den Ahnenbrief.
Durch meinen Mund, durch meine Hand
Ergibt dem Fürsten sich das Land,
Und will zu Thron sein Herzog schreiten,
Muß einer unsres Stamms ihn leiten
Zum Fürstenstein, dem unbequemen,
Von ihm den alten Eidschwur nehmen
Und Landesbrauch mit ihm vertragen;
So gilt's zu Recht seit alten Tagen.
Dieß Kerbholz ist mit seinen Schnitten
Hauschronik und Fürstenbuch;
So oft ein Ahn nach Vätersitten
Empfieng des Fürsten Eidesspruch,
Ward in dieß Holz ein Strich geschnitten;
So schneid ich morgen wieder einen.
So bündig faßt kein Schreiber sich,
Hier ist ein Fürst nichts als ein Strich.
Vielleicht die Alten mochtens meinen,
Dem Schenkwirth gleich, der seinem Zecher
Ankerbt die ungezahlten Becher,
Mit jedem Strich an eine Schuld
Erinnernd ach und — an Geduld.

Der Knabe erwidert:

> Die alten Possen, Schnurren, Schnacken
> Mögt ihr zum rostigen Zeuge packen.

der Herzog Otto sei so froh, so gut, der werde, was dem Lande frommt, freiwillig thun, was brauche es da der bindenden Eide?!

Mit diesen Einwürfen des Sohnes ist der Stoff zur Abwehr und unter Einem zur Anpreisung und zur Verherrlichung der alten Volksbräuche gegeben, die nach den Worten, die der Dichter dem alten Edling in den Mund legt, der Landessitte sind, „was Epheus Klammern alten Mauern."

Mit dem ganzen Feuereifer einer für das Gute und Edle, wo es immer begegen mag, erfüllten Dichterseele vertheidigt unser Freiheitssänger hier das historische Recht Kärnthens, das sich durch seinen Bauersmann seinen Herzog selbst gemacht.[1]

Er läßt den Greis seinem neuerungssüchtigen, das alte Recht so leicht preisgebenden Sohne strenge zurufen:

> Ich spür es wohl, mein Sohn, mein lieber,
> Der Hofwind, der hereingepfiffen
> Ins Kärnthen, hat auch dich ergriffen,
> Im Lande schleicht das Wedelfieber,
> Traumgeister ziehn durch's Kärnthnerland.

---

[1] Den „wegen der Bedeutsamkeit seines Inhaltes" ganz besonders für die Schule sich eignenden Abschnitt: „Herzogsstuhl und Fürstenstein" hat einer der heute hervorragendsten und um ihre Heimath meistverdienten Söhne Kärnthens, mein trefflicher Lehrer Professor Alois Egger v. Möllwald in seinem „Lesebuche" für den Schulgebrauch eingerichtet.

In klaffifcher Einfachheit fchilbert der Dichter am
Schluffe diefes Zwiegefprächs zwifchen Kärnthens alter
und neuer Zeit, wie der Kärnthner=Freiheit Lichtfluth:

> Ihr Leuchten jetzt zurückgezogen
> In jenes einen Lichtleins Strahl

das der zur Huldigung herantrabende Herzog Otto,
auf deffen Ruf nach Wien zum Vafallenfchwur die
Kärnthner keine Gefandten gefchickt, von ferne aus des
Eblings Bauerngut flimmern fah, und der das Licht
erkennend, halb laut, halb leife fprach:

> „Und diefes auch erlifcht einmal.“

Es erlofch!

Und mit ihm verfiel der „Herzogsftuhl,“ von wo
aus der Fürft einft gab diefen Gauen

> Die Lehn, nachdem er felbft das Land
> Zu Lehn erft nahm aus Bauershand.

Ein uralt Block lag lange lange dann diefes „Frei=
heitsmal“ an des Zollfelds Straßenraine, wo man

> fah die Rinderheerden im Rafen
> Getränkt aus Römerfarkophagen
> Und Lämmer an Marmortafeln grafen,
> Als ob fie die Schrift zu löfen wagen
> Und Kinder fpielen mit rofteeblen
> Schaumünzen der Cäfarenzeit.

„Jahrhunderte entnervter Zeit“ umfpannten aber
auch d e n Stein, der dem Lande hätte immer als

heilig Denkmal gelten sollen, „mit Schleiern der Ver-
gessenheit,"

> Den Stein, der dumpf im Moose ruht,
> Dran wilde Keuler die Flanken reiben,
> Drauf Zunftgesellen die Namen schreiben,
> Kein Laut, kein Kranz, kein Liedermund
> Gibt dieses Steins Bedeutung kund.
> Kein Zeichen will zu sprechen wagen
> Und Sünd' ist's hier nach Freiheit fragen;
> So sprachverwirrend war die Zeit,
> Daß ihrer Weisen Gilde im Streit,
> Ob die verwitterte Schrift am Stein
> Mag Römisch oder Wendisch sein? [1]

Erst in neuerer Zeit war man bestrebt, das „interessante Denkmal" der Nachwelt zu erhalten und
umgab es mit einem Lanzengitter und schrieb darauf,
es sei dieß „Kärnthens Herzogstuhl."

Dem Dichter aber entpreßt solch' nachgeborene Erinnerung die Worte:

> Das ist wohl schön, doch spät zu spät,
> Manch ein Jahrhundert hat's verweht.
> O hätten sie damals gesegt, entrückt,
> Unkraut, das Gottes Saat erdrückt!

---

[1] Es wurde zwischen den deutschen und slovenischen Gelehrten
Steiermarks und Kärnthens seiner Zeit ein erbitterter Kampf über
den Charakter einer auf dem Steine lesbaren Inschrift geführt, der
mit der Entscheidung schloß, daß dieselbe slavisch sei, wie denn auch
die Herzoge von Kärnthen im Mittelalter und bis auf Friedrich III.
die Pflicht und das Recht hatten, als Vertreter der „windischen
Völker" selbst vor dem kaiserlichen Richterstuhle nnd in Reichsver-
sammlungen ihre Vorträge in slavischer Sprache zu halten.

O hätten sie damals treu gesäet
Zu kräftigem Wurzeln, mildem Blühn
Den echten Kern, der saatengrün
Und freiheitstolz in Herzen ersteht!
Damals gezogen um dieses Mal
Die Lanzenwand von bestem Stahl!
Ihr Männer selbst sollt sein die Lanzen,
Gereiht um diesen Stein der Ehren
Dem Angriff und Verfall zu wehren.

Dahin, dahin! Nur einen Frei'n
Seh ich vor mir: ein Vögelein!
Das nimmt vom Herzogsstuhl Besitz
Als sei's der Aar des Zeus mit dem Blitz.

Auf Karnburgs Höhen da ragt ein zweiter
Stein, ein anderes heiliges Mal dem Land — der
„Fürstenstein."

Dieser war es, auf dem der Bauer dem Herzoge
den Eid abnahm.

Der Edling sitzt auf dem Fürstenstein
Aufrecht und fest und späht thalein:
Sein Haupt beschirmt ein grauer Hut,
Den eine rothe Schnur umschließt,
Sein Fuß im groben Bundschuh ruht,
Den eine rothe Schleife schließt;
Ein rother Gurt den Leib umwallt,
Der knapp im grauen Wamse steckt,
Vom grauen Mantel überdeckt;
Den Feldsack hat er umgeschnallt
Mit Käs und Brot, der Gottesgabe,
Sein Arm stützt sich am Hirtenstabe.

Wie um den Fels das laute Meer
Braust Stimmgewoge ringsumher;
Hier wendischer Laut, dort deutsche Klänge
So fern im Thal liegt keine Tenne,
So steil am Joch ragt keine Senne,
Die Boten nicht gesandt zur Menge;
So tief im Erzberg liegt kein Schacht
Der nicht entsandt die Knappenwacht;
Der Edlen Zug theilt das Gedränge.

— — — — — — —

— — — — — — —

Der Herold wallt dem Zug voran
In Landesfarben angethan,
Auf seiner Brust das Wappenbild:
Drei schwarze Leu'n im goldnen Schild,
Und Oestreichs rothes Feld dabei
Vom weißen Gurt getheilt in Zwei.
Kreuzträgern nach Prälaten schritten,
Laurenz der Bischof Gurks inmitten,
Dann wallt der Landeseblen Kern
Der Graf von Görz, Pfalzgraf des Lands,
Graf Pfannberg, Kärnthens heller Stern,
Herr Lichtenstein, ein Name wie Glanz,
Mit ihm der gewaltige Auffenstein
Freiherr Sonneck aus felsigem Krain,
Die Fähnlein rühren die Flügel im Winde,
Von Golde klirrt das Hofgesinde.

Da tritt der Herzog selbst zum „Fürstenstein.“

Am Haupt den schweren Herzogshut.

um seine Schultern wallen Purpursammt und
Hermelin.

— — nicht soviel Sammt verschneidet
Der Herr, wenn er die Lilien kleidet.

Da fragt Edling wer das sei, der im Prunke hof=
färtigen Gewandes nahe, und auf des Herolds Ant=
wort: es sei der Fürst auf dem Pfade nach dem
Fürstenstein, ruft der Bauer:

Ich will nur weichen
Wenn er geworden Meinesgleichen.

Der Fürst kehrt um, die „Prunklast" abzulegen
und kehrt zurück in Bauerstracht, der Edlings gleichend
auf ein Haar.

Ein Page rechts führt an der Leine
Ein abgemagert schwarzes Rind;
Ein Page links lenkt durch die Steine
Sorgsam ein Pflugroß lahm und blind.

Nun folgen die Ceremonien der Eidabnahme, die
Fragen, ob der Fürst dem Lande ein gerechter Richter,
dem freien Bauernstande ein Schirmer, den Wittwen
und Waisen ein Hort, dem Christenglauben ein Ver=
breiter, mit einem Wort, ob er ein „Landesvater"
sein werde, ein wahrer; es folgen die Anbote des
Pfalzgrafen — die Geschenke an Kleidung, Vieh und
Geld, Zinsfreiheit für den Edling bietend, der ver=
wundert ruft:

Ist solch ein Tausch nicht fein?
Für dieses Gottesland — ein Rind
Das lahm, und einen Gaul, der blind!

Für Tonnen Golds, die wir messen
Sei nicht sein Pfennigmaß vergessen!
Ihr Andern merkt's! Nun kennt ihr auch
Was Fürstenrecht und Fürstenbrauch!

Da springt der Herold ein mit einer Mahnung,
die beim Bauer ihre Wirkung nicht verfehlt, er erinnert
ihn an der — „Landeseblen Brauch.“

Herr Grabeneck wetzt schon die Schneide
Das Gras zu mähen auf fremder Weide;
Herr Portendorf hält angebrannt
Den Span, durchs Land zu ziehn als Brenner;
Herr Rauber zäumt und schirrt den Renner
Zum Raubzug, löst auch nicht ein Pfand.
Das Recht herrnloser Zeiten sieh!
Die stärkre Faust nur bändigt die.

Das verfängt! Der Bauer rasch den Stein verläßt
und geleitet den Fürsten an seinen Sitz.

Mundschenk kredenze den Willkomm
Zum Ehrentrunk dem Fürsten werth,
Marschalk sink in die Knie fromm
Und halt ihm vor das Landesschwert,
Daß er drauf schwöre vor allem Volke.

Der Mundschenk schöpft des Quells „frische Fluth“
in einen spitzigen Bauernhut; der Herzog spricht:

Wie ich nun fasse
Den schlichtesten Kelch mit schlichtestem Nasse
Und trink auf mein Heil und euer Heil

Und dann zum Grund der Erd' ihn gieße,
Daß froher davon manch Blümlein sprieße.
So auch zu meinem, eurem Heil,
In Lebenswahrheit, wie im Bilde
Gelob' ich Mäßigkeit und Milde.
Und wie ich nun des Schwertes Klinge
Nach aller Himmelsgegend schwinge
Und zieh' im Geist den weiten Bogen
Um dieses Landes fernste Zonen;
So bleib es Allen, die drin wohnen
Zu Schutz und Schirm und Recht gezogen.
Und wie ich auf das Kreuz am Degen
Die Finger lege schwurbereit,
Däucht mir's beschwörend heiligen Eid
In Christi Wunden sie zu legen,
Ich schwöre — —!

Vom kaisertreuen Land Tirol.

Willkommen, Tirolerherzen, die ihr so bieder schlagt,
Willkommen, Tirolergletscher, die ihr den Himmel tragt.
Anastasius Grün.

Auch ein Alpenland! Darum dem alpenfrohen
Dichterherzen nicht minder theuer als der Kärnthner
Land, als die grüne Steiermark ist unserem Anastasius
Grün Tirol mit seinen „Wohnungen der Treue,"
mit seinen „Thälern voller Duft," mit seinen Quellen
und Triften, mit seinen frischen, freien Bergeslüften!

Der Mann „in starrem Erz," dessen „Vorüber=
schreiten" vielleicht noch heute „in unsern weichen seidnen
Zeiten," „rührt manch deutsches Herz" Theuerdank
Maximilian, den unsere Dichter in seinem „Jugendlied"
gepriesen, nicht weil's ein Ritter war, „nur darum,
weil er der Letzte jener Schaar." Dieser, sein Held,
führt ihn auf mannigfachen Schlacht= und Wander=
zügen wiederholt auch in die Berge von Tirol!

Er führt ihn auf die „Martinswand" zu schauen
das grause Abenteuer, er führt ihn vor Kufsteins
Mauern zu sehen des Nachbar=Bayern Trotz, er führt

ihn durch Innsbrucks Thore vor die räthselhafte Eichen=
truh, die todesahnend sich zimmern ließ der „düstere
Kaisergreis."

Max auf der Martinswand!

Schon 1656 hat man im Auersperg'schen „Fürsten=
hof" in Laibach ein Drama gegeben, lateinisch: Maxi-
milianus Austriacus seu refugium ad orbem Eucha-
risticum — die wunderbare Rettung Maximilians auf
der Martinswand behandelnd.[1]

Und welche Fluth von Dichtungen aller Art über
denselben Vorwurf zählt uns nicht die Bibliographie
der nachgefolgten Zeiten auf!

Aus allen ragt aber wie ein Gebirgsrecke die
Schilderung von Maxens Noth und Rettung bei An a=
st a si u s Grün.

Der Dichter singt:

Willkommen Tirolerherzen, die ihr so bieder schlagt,
Willkommen Tirolergletscher, die ihr den Himmel tragt,
Ihr Wohnungen der Treue, ihr Thäler voller Duft,
Willkommen Quellen und Triften, Freiheit und Bergesluft.

Wer ist der tecke Schütze in grünem Jagdgewand,
Den Gemsbart auf dem Hütlein, die Armbrust in der Hand,
Deß Aug so flammend glühet wie hoher Königsblick,
Deß Herz so still sich freuet an kühnem Jägerglück?

[1] Siehe mein: Der verirrte Soldat a. a. O. S. 105.

Das ist der Max von Habsburg auf lust'ger Gemsenjagd,
Seht ihn auf Felsen schweben, wo's kaum die Gemse wagt!
Der schwingt sich auf und klettert in pfeilbeschwingtem Lauf,
Hei wie das geht so lustig durch Kluft und Wand hinauf.

Jetzt über Steingerölle, jetzt über tiefe Gruft,
Jetzt kriechend hart am Boden, jetzt fliegend durch die Luft!
Und jetzt? — Halt ein, nicht weiter! jetzt ist er festgebannt,
Kluft vor ihm, Kluft zur Seite und oben jähe Wand.

Wollt einer von hier zum Thale hinab ein Stieglein baun,
Müßt', traun, ganz Tyrol und Steier die Steine dazu behaun.

Wohl habe die Amme Maxen einst von der Mar=
tinswand erzählt, daß schon in leisen Gedanken das
Auge in Nebeln schwand, jetzt kann er's sehen, meint
der Dichter, ob sie dem Bilde treue Farben geborgt?

Die Aussicht von da droben sei so schön und weit
zu sehen, daß Maxen vor lauter Schauer die Sinne
fast vergehen.

Tief unten ein grüner Teppich, das schöne Thal des Inn,
Wie Fäden durchs Gewebe, ziehn Straß und Strom dahin,
Die Bergkolosse liegen rings eingeschrumpft zu Hauf
Und schauen wie Friedhofhügel zu Maxen mahnend auf.

Der Kaisersprosse stößt mit Macht ins Horn, ein
schwaches Echo; ein Teufelchen, das kichert im nahen
Felsenspalt: Es bringt ja nicht zu Thale, des Hilfe=
rufs Gewalt.

Ins Horn nun stößt er wieder, daß es fast platzend bricht,
Ho, ho, nicht so gelärmet! Da hilft das Schreien nicht,
Denn liebte ihn sein Volk nicht, was er auch bieten mag,
Herr Max er bliebe sitzen bis an den jüngsten Tag.

Was das Ohr nicht vernommen, das Auge hat es
erschaut und das fromme Volk sendet seine Gebete zum
Himmelsdom, „von Kirche zu Kirche wallfährt der
bange Menschenstrom."

Und ein kühner Bergmann findet sich, und unterm
Segen der Priester klettert er zum betenden Max hinauf

Der faßt ihn fest beim Arme und winkt ihm fürder zu gehn
Mit Leitern, Stahl und Seilen wird kühn ein Pfad gebahnt,
Wo Maxens Fußtritt strauchelt, stützt ihn des Retters Hand,

Der läd't ihn auf den Rücken, wo Klüfte schwindeln drohn,
Wohl sind der Treue Schultern des Fürsten schönster Thron;
Rasch geht's zu Thal, wo jauchzend Tirol empfängt die Zwei,
Kein Spötter kann belächeln die seltne Reiterei.

Ein Kreuz auf hohen Felsen blickt nieder in das Land
Und zeigt den Ort, wo bebend einst Habsburgs Sprosse stand;
Noch lebt die edle Kunde und jubelt himmelwärts
Aus manchen Sängers Munde, durch aller Tiroler Herz.

Max vor Kuffstein!

„Ein hüpsch Lied von dem Benzenower im Beyer=
land, wie es im zu Kopffstein ergangen ist,"[1] erzählt

---

[1] M. Körner, Historische Volkslieder. Stuttgart, 1840. S. 116
bis 122. Einundzwanzig achtzeilige Strophen. Siehe dasselbe in

im Volkston die Geschichte der Eroberung der von dem
bayerischen Commandanten von Pinzenau vertheidigten
Veste Kufstein durch Kaiser Max I. im Jahre 1504.

Diese Belagerung und endliche Bezwingung der
schier uneinnehmbaren Grenzfestung bildet für sich den
Gegenstand einer der Unterabtheilungen jenes Haupt-
abschnittes im Leben des letzten Ritters, den Anastasius Grün die Ereignisse der Jahre 1503—1505
zusammenfassend: „Der Streit am Grabe" be-
namset.

Es blickte Pinzenauer von Kuffsteins Riesenwall,
Mit Hohn und sicherm Trotze auf Maxens Heeresschwall,
Wie'n Alpengeier sorglos auf den Verfolger blickt,
Der fern im tiefen Thale auf ihn die Büchse zückt.

Es blickte Max gen Kuffsteins hochtrotzende Felsenwand
Voll Zuversicht und Ruhe, so kühn und muthentbrannt,
Gleichwie zum Horst des Geiers der Schütze blickt empor;
Erreicht ihn auch sein Fuß nicht, erreicht ihn doch sein Rohr.

Alle aus den Mörsern entsandten Kugeln prallten
an den Mauern Kuffsteins ab und zum Hohn ließ der
Pinzenauer die Mauern, wo sie angeschlagen, mit Besen
kehren; die Pechkränze, hinauf geflogen, blieben un-
schädlich liegen, da wollte Max die Veste aushungern,
doch der Hunger kehrte früher in seinem Lager ein und
der Pinzenauer schickt ihm Hirt' und Heerden zu

Aretins Beiträgen zur Geschichte und Literatur. IX, 1286, und dann
in Hormayrs Taschenbuch, 1829, jedesmal mitgetheilt von Docen.

Da wurde König Maxen die Zeit wohl etwas lang,
Daß pochend schon sein Herzschlag bis durch den Panzer
klang;
Da sandt er gegen Innsbruck hinauf ins Waffenhaus:
Schickt doch einmal den Weckauf mir und den Purle-
paus.

In Innsbrucks Waffenhause waren Maximilians
Lieblingskarthaunen — diese beiden und viele andere,
die alle Namen trugen und die er wie andere die
Pferde mit Liebe in sein Herz geschlossen — unter-
gebracht. In drei prachtvollen auf Pergament mit
reicher Vergoldung gemalten und geschriebenen Bänden,
die mit der sog. Ambraser Sammlung nach Wien
kamen, ließ Maximilian die Abbildungen und Beschrei-
bungen seines kaiserlichen Geschützes sammeln und sind
darin nun alle Namen sowie die dazu gehörenden an-
spielenden Reime verzeichnet.

Der „Weckauf" und der „Purlepaus," vom
König selbst, der statt des Scepters den Luntenbrand
erfaßt, mit sicherer Meisterhand behandelt, sie brachten
das trotzige Kufstein zum Fall.

Der Pinzenauer und zehn Gefährten, sie endeten
durch Henkers Beil, denn der Fürst, er hatte es ge-
schworen. Da erhebt gegen weiteres Wüthen Erich
von Braunschweig der kühne Feldherr feierlich Protest
und spricht zum König:

Wenn Tapferkeit und Kühnheit ihr so zu lohnen glaubt
Mein Fürst, dann beugt zuvörderst dem Block eur eignes Haupt.

Drauf der Fürst:

Gepriesen sei, mein Erich, dein edles biedres Wort,
Ihr andern aber ziehet in Ruh und Frieden fort.

Nächst Kufstein steht ein Kirchlein, Ainleffen heißt's noch heut,
Weil's den gerichteten Eilfen zum Grabmal Max geweiht.
Einst als in Tirol er wieder, erzählt ein Bauernknab,
Er habe jüngst den König gesehn dort knien am Grab.

Die letzte Schlacht, die Sporenschlacht bei Quinegate (1513) war siegreich geschlagen und Maxens

„grauen Locken nicht still der grüne Kranz"

der „Congreß von Wien" (1515) und der letzte Reichs=tag Maximilians zu Augsburg (1518) waren vorüber und Dürers Meisterhand hatte das Bildniß des großen Kaisers daselbst „nach der Natur gemalt," da überkam den letzten Ritter allgemach ein Todesahnen und

Hoch über Innsbrucks Thalgrund auf einem Felsenstück
Saß Kaiser Max ganz einsam, mit stillgesenktem Blick,
Die Armbrust an der Seite, im grünen Jagdgewand
Und auf dem leichten Hütlein Gemsbart und grünes Band.

───────────

Wie regungslos und ruhig der greise Jäger sitzt!
Die grauumlockte Stirne sanft auf die Hand gestützt,
Das Auge bald hinunter starr auf die Stadt gebannt
Bald wieder fernhin schweifend durchs weite Tirolerland.

Mißmuth faßt den Kaiser an; nicht ferne von Innsbrucks Hofburg hat er befohlen zu bauen

ein prächtig neues Haus, da wallt er nun um das=
selbe es ringsum prüfend und ruft dann scheltend aus:

Ihr Männer, ei was baut ihr da für ein Schneckenhaus,
Die Säulenschaar wie winzig! wie enge Hall und Saal
Und dunkel wie ein Kerker beraubt vom Tagesstrahl.

Der Meister zog das Käppchen: „Erhabner Herr verzeiht,
Kein schöner Haus, Gott straf mich, steht in der Christenheit,
Die Säulen hoch wie Cedern, der Saal hell wie der Tag,
Die Wölbung fest wie Felsen und leicht wie Laubendach.“

Max aber läßt von einem Schreiner sich zimmern
einen Sarg, den stellt er zum Bette

— wenn Schlaf sein Aug beschlich
Und mußt er auf die Reise, den Sarg nahm er mit sich.

Abfahrt von Innsbruck!

Am Innstrand harrt ein Schifflein beim ersten Frührothschein,
Da stieg verhüllt im Mantel der kranke Kaiser ein,
Die treue Eichentruhe lehnt düster neben ihm,
Fort schießt im raschen Strome das Schiff mit Ungestüm.

Am Strande murmelt fragend nun Innsbrucks Volk im Kreis:
Wohin so schnell und eilig, du düstrer Kaisergreis? —
Da schien von Maxens Lippen das Wort zurückzuwehn
Lebt wohl, lebt wohl! nach Oestreich will ich nun sterben gehn.

Es lehnt am Eichensarge sein Haupt von Sorgen schwer,
Zum Himmel blickt er düster und düster rings umher:
„Du schönes Land, dich lieb' ich so treu und inniglich,
O wüßt' ich nur, ob glücklich mein Volk auch sei durch mich.“

Die Fluth umrauscht das Schifflein und schnell vor Maxens Blick
Fliehn Thäler, Berg und Flächen, Gehöft und Stadt zurück;
Wohin er blickt, sprießt Leben und Segen, Kraft und Fleiß,
Wohin er horcht klingt Freude und Jubelsang und Preis.

Auf Wiesen klirrt die Sense, in Wäldern knallt das Rohr,
Gewalt'ge Hämmer stampfen durchs Thal im Donnerchor
Und aus dem Schlund der Schlöte qualmt's riesig dicht undgrau,
Da schien auf schwarzen Säulen zu ruhn des Himmels Blau.

Und weiterhin dann Felder, die dicht voll Saaten stehn
Und Heerden, die fröhlich blöckend auf grünen Alpen gehn,
Und Mühlen klappernd im Thale, von Fluthen rasch getrieben
Die sprühend an den Rädern als Sternenregen zerstieben.

Auf allen Straßen herrscht „lebendiges heiteres
Drängen," es „knarrt des Fuhrmanns Achse von Fracht
des Segens schwer" und „mit lustigem Ruderschlage
mit flatternden Wimpeln ziehn im Strom viel rüstige
Schiffe kreuzend her und hin," vor einem Gehöfte, in
frischer Trift, spricht heiteren Blickes just ein Land=
mann über sein Kind den Segen

Und lehrts in Drang und Nöthen sein Herz zu Gott zu wenden
Und beten für gute Fürsten mit aufgehobnen Händen.

Kaiser Max war zu Wels in der Hofburg gestor=
ben (1519). Gar bald nachher ging man, seinem letzten
Willen folgend, an die Erbauung der Hofkirche (Fran=
ziskanerkirche zum h. Kreuz) in Innsbruck, in deren
Mitte dann in der zweiten Hälfte des 16. Jahrhun=
derts unter Kaiser Ferdinand I. sein Grabmal von den

Brüdern Bernhard und Arnold Abel begonnen
und nach deren Tode von Alexander Colin aus
Mecheln würdig fortgesetzt und herrlich vollendet wurde,
„eines der großartigsten Denkmale der deutschen Kunst." [1]

Der „Epilog" zum „letzten Ritter" — 1829 ge=
dichtet — er zeichnet uns in schärfstem Lichtbilde dieß
Monument aus Stein und Erz!

Das Max=Denkmal in Innsbruck

es steht vor uns!

Die Kunst, die mit Begeistrung und Liebe Max geschirmt,
Sie hat zu seinem Denkmal die Säulenschaar gethürmt,
Mit Bildern seiner Thaten den Sarkophag umgeben
Und so den Tod vermählend gepaart mit ew'gem Leben.

Aus reichen Marmorbrüchen Carrara's sind geschlagen
Die Steine, die als Stufen den Katafalk hier tragen,
Voll Ernst und heil'ger Milde kniet Maxens Bildniß oben
Und für sein Volk noch betend hält er die Händ' erhoben.

Und Helden aller Zeiten und Kön'ge mancher Länder
Umstehn im Kreis das Grabmal, gehüllt in Erzgewänder,
Noch jetzt voll Kraft und Wohlklang, wie einst ihr Arm und Herz
Erstarrt ist unverwelklich ihr Lorbeer selbst zu Erz.

Ihr Helden ernster Miene, was hat euch herberufen,
Zur feierlichen Runde an dieses Denkmals Stufen?
Wollt ihr die ew'gen Zeugen von Maxens Ruhme sein?
O dann entweicht! — er selber ist sich genug allein!

---

[1] Anastasius Grün: „Der letzte Ritter." Siebente Auflage.
Anmerkung 32.

Wollt ihr sein Grabmal schirmen als treue Wächterhut?
In seines Volkes Mitte schläft solch ein König gut!
Ihr ehrnen Hochgestalten, Stamm der Vergangenheit,
Wollt ihr Gericht wohl halten ob unsrer neuen Zeit?

Soll ich euch Rede stehen? Soll ich hier Kläger sein? fragt der Dichter, und antwortet sich rasch: nein, o nein!

In „Innsbrucks blanken Mauern" umgibt ihn ja zu laut redend auf Schritt und Tritt die Erinnerung an die herrlichsten Tage der neuen Zeit, an die blutigen Stunden der Franzosenkriege, da die „aus Grabesbanden" „aufgeraffte" „alte Freiheit" „als Geist erstanden," „focht mit Geisteskraft."

Sie kämpft'n hier auch herrlich in den Tirolergaun
Da ward zum Schwert die Pflugschar, um Fesseln zu zerhaun,
Das Lodenwamms zum Panzer, zur Burg die Weidenhürde
Der Hirt empfing am Schlachtfeld des Ritterschlages Würde.

Lebendiger und viel sagender als in dieser wahrhaft antiken Lapidarschrift sind wohl noch nirgends die heißen schweren Kämpfe der „Tiroler Helden" gegen des Franzmanns frechen Uebermuth verewigt worden!

Ins Salzkammergut.

Nur wer der Geister Liebling, den umweht
Entschleiernd sich, des Berggeists Majestät.
Anastasius Grün.

Zweimal in seinen Jünglingsjahren und das in
rascher Aufeinanderfolge besuchte Graf Auersperg
das viel besungene Salzkammergut.

Einer im Besitze meiner Schwiegermutter Therese
Kaltenbrunner befindlichen Correspondenz ihres Vaters
des von Anastasius Grün als „gemüth= und charakter=
voller Dichterpatriarch“[1] verewigten Mathias Schlei=
fer (— des seligen Großvaters meiner Frau Hedwig
geb. Kaltenbrunner, Tochter des oberösterreichischen
Dialectdichters K. A. Kaltenbrunner —) entnehme ich
und zwar einem Briefwechsel Schleifers mit Schurz
dem Schwager Lenau's, daß Anastasius Grün 1830
auf einer Reise nach Stuttgart zu Uhland und Schwab
und zwar Freitag den 23. Juli Abends nach

---

[1] Nicolaus Lenau's sämmtliche Werke. Von Anastasius Grün.
Stuttgart und Augsburg. J. G. Cotta'scher Verlag. 1855. I.
S. XXIX.

Gmunden kam. Dieß notificirt Schleifer an Schurz,
der ihn dato Wien 19. Juli von Auerspergs Reise
avisirt hatte, unterm 26. Juli.

Schleifer schreibt: „Graf Auersperg ist schon Freitag
den 23. d. M. Abends hier angekommen und hat
seitdem von Gmunden aus, wo er sich ein=
quartierte, Excursionen gemacht; leider hat ihn
die Witterung nicht begünstigt.“

Ein zweites Mal kam Anastasius Grün nach
Gmunden beziehungsweise nach Schloß Ort — dem
Heim Schleifers — im Jahre 1833.[1]

Auf den Fahrten ins Salzkammergut lernte Graf
Auersperg auch die Perle dieses Landstriches Gastein
kennen.

Wie viele Dichter vor ihm und nach ihm haben
nicht dieses Gastein mit seinem Tobel besungen, welcher
wohl bilderreicher als Anastasius Grün? Wir wüßten
keinen!

Es ist ein Cyklus von fünf Liedern, in denen der
gottbegnadete Sänger dieses Gebirgseden feiert.

> Nur wer der Geister Liebling, den umweht
> Entschleiernd sich, des Berggeists Majestät.

Lied eins: Erste Nacht, schildert den ersten Ein=
druck im Wildbade.

> Es wäre Schlafenszeit; — doch das ist schlimm,
> Nicht schlafen läßt mich hier der Ache Grimm,

---

[1] Schreiben Schleifers an Schurz, dat. Ort, 22. Februar 1833.

Grad' unterm Fenster schlägt ihr Katarakt
Auf Felsenpulte dröhnend seinen Takt!
Musik zur Unzeit! Was zu thun da sei?
Zu horchen wach der Räthselmelodei! —
Einförmig tost's und doch so wechselvoll,
Wie Harfen jetzt und jetzt wie Donnergroll!
Ist's Wagenrasseln, das die Stadt durchrollt?
Ist's Mühlgestampf, das täglich Brod dir zollt!
Sind's Eisenhämmer, schmiedend Waffenerz,
Ist's Orgelton jetzt, der dir schmilzt das Herz,
Nun Posthornklang, der dich zur Ferne reißt!
Nun Waldesrauschen, das dich bleiben heißt!
Nun Glockenschall, der fromm die Gläub'gen ruft,
Nun Trauermarsch geleitend in die Gruft! —
Dem Leben gleich! Und alles Staub und Schaum!
Doch sang's dich unbewußt in Schlaf und Traum.

Im zweiten Lied: Der Heilquell im Wasser=
fall führt der Dichter in zartsinniger Weise den Ver=
gleich durch, daß wie unterm Fluthgebraus des Katarakts
unvermischt im ehernen Rohr ein Heilquell warm und
mild dahin schleicht uns sichtbar kaum, der Schmerz
und Leiden stillt, so auch im Wortgesprudelstrom auf
der Wahlstatt des Salons, wohin Großmacht Lange=
weile ihr Heer gebracht, auch manch' ein Heilborn
fromm dahin fließt, „manch' Wort, das welke Herzen
wieder jüngt, manch' Wort, das müde Seelen frei be=
schwingt, manch' Wort heilkräft'gen Geists liebvoller
Huld." Deßhalb ruft er: o lehre finden mich's, Geist
der Geduld!

Der ganze tiefe Schmerz einer sensitiven Menschen=

natur, die von der Bergkolosse ätherumgossener duftiger
Schönheit täuschend an sich gezogen, plötzlich im Auf=
stieg sich der rauhen Materie preisgegeben sieht und
mehr und mehr von ihrem schroffen Realismus zu
leiden hat, ist in dem dritten Liede: Fernsicht un=
nachahmlich zum Ausdruck gebracht.

Glücklich wem sich, wie dem Dichter, das Gleich=
gewicht wieder herstellt zwischen Ideal und Wirklichkeit!

Er singt:

> Tritt ruhmbekrönten Größen nicht zu nah!
> Sie sind den Alpen gleich, die vor uns stehn,
> Am schönsten größten, wenn von fern gesehn,
> Im blauen Duft, in ihrem fernen Ruhme!
> Der Formen Schönheit, die dich fern entzückt,
> Löst sich in rauhe Massen, wie zerstückt,
> Wenn forschend du genaht dem Heiligthume,
> Der Duftschmelz wird Gestein, das wund dich ritzt,
> Und wird Gedörn, das Rock und Ferse schlitzt. —
> Das Auge des Geweihten nur erspäht
> In dunkler Kluft die schöne Alpenblume,
> Nur wer der Geister Liebling, den umweht,
> Entschleiernd sich, des Berggeists Majestät.

Eine großartig schöne philosophische Betrachtung
bringt das vierte Lied: Ungleicher Kampf, wo
das Ringen eines Giganten mit einem Zwerge als
Schmach für den Großen, als Ruhm für den Schwäch=
ling bezeichnet und in der Allegorie dazu folgende Ge=
birgsscene demonstrirt wird:

Zur Sonne flog der Königsabler einer,
Ein blödend Hammelthier in seinen Krallen.
O Aar, dir läßt's nicht gut am Schmutzvließ zerren
Und Schmachtrophä'n sind dir des Hammels Flocken,
Doch er, gewöhnt auf niedrer Trift zu plärren,
Scheint selbst in deinen Krallen zu frohlocken,
Daß er durch dich nun lernt den Flug nach oben,
Daß er mit dir zur Wolkenhöh erhoben.

Das letzte (fünfte) Lied ist: Einem Gesunden
gewidmet. Im Posthornschall, „lang wiederholt von
Fels und Wasserfall," klingt dem Scheidenden nach
des alten Berggeists Sang, ein Lebewohl dir

       — du mein liebster Gast
Der, was ich bieten kann, du selbst schon hast.

Auf den Sänger selbst zurückanwendend wollen wir
beziehen, was er den Berggeist, das Bild vom strotzen=
den Naturwohlsein weiter ausführend, sagen läßt:

Erhaben sind wie meiner Felsen Firn
Die Lichtgedanken einer Mannesstirn;
Wie Blumenpracht im Alpenthal mir blüht,
So wogt und glüht Gefühl dir im Gemüth,
Und wie mein Busen birgt manch gülden Erz,
So hegt manch Goldkorn tief und still dein Herz,
Wie sich mein Katarakt durch Felsen schlägt,
Wallt frei dein Manneswort, trifft und bewegt;
Und wie mein Heilquell welke Blumen hebt,
Hat deine Huld manch trauernd Herz belebt.
Der so gesund an Seel' und Körper ist,
Nichts kann ich bieten dir; bleib wie du bist,

Aufrecht und grad, wie meiner Tannen Schaft,
Behend wie meiner Gemsen Federkraft!
Das Schneehaupt selbst, wie meiner Gletscher Eis,
Ist dir nicht Last, nein Schmuck und Ehrenpreis,
Ein ganzer Mann, dem meine Alpenwelt
Den Spiegel eigner Größ' entgegenhält.

Zum Sankt Stephans Reich.

Leicht wird mit frischen Wanderschaaren
Den Strom hinab, unaufgehalten,
Ein neuer Barbarossa fahren.
Anastasius Grün.

Die hohe kulturelle Mission der Ostmark, die Civili=
sation nach dem Orient zu tragen, deren Erfüllung
einerseits die „Wacht an der Save" auf sich genommen,
sie fällt anderseits seit Jahrhunderten und in der
Gegenwart mehr denn je den vielsprachigen Bewohnern
des Reiches der Krone des heil. Stephan zu, das im
brüderlichen Vereine mit den Ländern der österreichischen
Monarchie diesseits der Leitha diese seine ebenso schwie=
rige als reich lohnende Aufgabe gewiß zum Besten
lösen wird.

In brüderlichem Verein das freie Ungarn mit
dem freien Oesterreich!

Der Staatsmann Anton Alexander Graf Auer=
sperg war es, der im sogenannten verstärkten Reichs=
rathe des Jahres 1860 mit allem Freimuthe für die
alten Rechte Ungarns, für die Freiheit Ungarns
eintrat.

Derselbe Staatsmann, Graf Auersperg, war es aber auch, der in dem Augenblicke, als die Ungarn 1861 ihre Reaktion gegen das deutsche Wesen, gegen die deutsche Bildung und Kultur inscenirten, seinen warnenden Ruf in der parlamentarischen Arena des Laibacher Landtages erschallen ließ, der diesen Ruf erschallen ließ in dem Momente, als die Ungarn „zum tiefen Schmerze und zur Entrüstung aller Länder der Monarchie das Symbol der Zusammengehörigkeit Aller, das Reichssymbol, den kaiserlichen Adler, zerstörten und herunter rissen."

Tiefes, lautloses Schweigen, wie wenn der Seher spricht, herrschte — noch heute zittert der Eindruck in uns nach — in der Landtagsstube, als den Politiker der Poet auf Augenblicke ablöste und im Bilde sprach.

„Es wurde in Ofen — begann Auersperg zu erzählen — ein schon vor vielen Jahren angebrachter, aus dem vorigen Jahrhundert herrührender steinerner Adler entfernt; er mußte mit Hammer und Meißel zertrümmert werden. In dem Momente, als dieser steinerne Kaiseraar fiel, welcher das Herzschild Ungarns an der Brust trug, in diesem Momente — fuhr Anastasius Grün mit erhobener Stimme fort — wurde mit dem kaiserlichen Adler auch zugleich das ungarische Wappen zertrümmert. Ich möchte darin nicht ein Symbol und ein Omen sehen,

ein Zeichen, daß in dem Momente, wo
Oesterreich fällt, auch Ungarn fällt, und
zwar durch denselben Schlag!

Auersperg schloß seine von den Landboten mit
jubelnder Begeisterung aufgenommene Rede mit dem
christlichen und staatsmännischen Spruche: In necessariis
unitas, in dubiis libertas, in omnibus charitas![1]

Und es währte wenig Jahre und die charitas,
die libertas und die unitas kamen in dem Verhält=
nisse Oesterreichs zu Ungarn zu ihrer naturnothwendigen
Geltung.

Der Ausgleich kam, die „Krönung“ folgte. Sanct
Stephans Eid ward geleistet von dem „König jung
und blühend,“ wie Anastasius Grün den St. Stephan
geschaut im Geiste, da er die hochbedeutsame Ceremonie
in den „Spaziergängen eines Wiener Poeten“ geschil=
dert hat.

Wie die Glocken hell des Morgens heut zu Weißenburg getönt!
Jetzt ist's wieder still geworden und der König ist gekrönt! —
Sieh nun tritt er aus dem Dome, purpurstrahlend, glanz=
verklärt,
Auf dem Haupt die neue Krone, in der Hand das blanke
Schwert.

Englein schmiedeten die Krone, wie die fromme Sage spricht,
Aus Demanten sonnenhelle, aus Rubinen morgenlicht!

---

[1] Bericht über die Verhandlungen des krainischen Landtags zu
Laibach im Monate April 1861. Nach den stenographischen Auf=
zeichnungen. Laibach 1861. Kleinmayr und Bamberg. S. 11 ff.

Doch ein derber Schmied zu Dobschan ließ erglühn am
Flammenherd,
Schlug mit Hämmern auf dem Amboß das gewalt'ge, scharfe
Schwert.

Vor dem Stadtthor ragt ein Hügel, dessen Pfade Teppich
schmückt,
Drin des Landes helle Farben roth und weiß und grün
gestickt;
Unten harrt der greise Kanzler, hält empor mit stolzem
Muth
Hoch das sammtne Purpurkissen, drauf des Landes Satzung
ruht.

Rings geschaart in weitem Kreise Ungarns edle Völkerkraft,
Hohe bärtige Magnaten mit dem Kern der Ritterschaft.
Aebt' und Bischöf' mit den Infuln, mit dem Krummstab und
Brevier,
Und des Reiches Bannerträger mit dem flatternden Panier!

Auf den Hügel sprengt der König jung und blühend hoch
zu Pferd,
Nord- und südwärts, west- und ostwärts, schwingt er flink
sein blankes Schwert,
Dann, gleichwie ein goldnes Standbild, steht er ruhig festgebannt,
Und empor zum blauen Himmel hebt er feierlich die Hand:

Es folgt der Eidschwur!

Der Fürst schwört, daß er freien Willens, freien
Herzens die Freiheit gebe und das Recht; er schwört:
nicht zu herrschen blind nach Willkür, nein, nach Recht

und Satzung stets, aufrechthalten wolle er das Gesetz,
heilig, fest und treu, „nie nach eigenem Hirn es deuteln,
nach Gelüst es modeln neu;" er schwört: zu bewahren
glänzend des Landes Ruhm, „blank wie Krieger ihren
Panzer, sorgsam wie ein Heiligthum"; er schwört: zu
treuem Rathe gern Ohr und Herz zu leihen, „nie das
freie Wort zu fesseln, sei er noch so schwach und klein;"
er schwört: „mit dem Gute hauszuhalten karg und
weis', dran der Wittwe Thränen kleben und des armen
Landmanns Schweiß;" er schwört: ein Vater zu sein
seinem Volke immerdar

— es wahrt die Burg zu Ofen Stephans Mantel, Kron'
                                           und Schwert,
Wächter blank in Waffen schirmen jener Schätze theuren
                                           Werth;
Wenn sie einen König krönen, wird er damit angethan.

Sieht das Volk dann Stephans Mantel, wünscht es auch sein
                                           Herz hinein,
Sieht sein Schwert es wieder schwingen — möcht' es doch sein
                                           Arm auch sein.

Deßhalb der stürmische Triumphgesang des Volkes,
als es den König Franz Joseph im denkwürdigen Jahre
1867 den Krönungshügel hinansprengen, das Schwert
des heil. Stephan schwingen und den Eidschwur leisten
sah, deßhalb der stürmische Triumphgesang des Volkes,
als es zu Ofen sich niedersenken sah die Krone auf

das Haupt des Königs, aber auch auf das Haupt der Königin Elisabeth!

Auf der „schönen blauen Donau" Wellen kam die „Rose aus dem Bayerland" in die uralte Kaiserburg zu Wien, der Donau Wellen trugen die „Anmuth auf dem Throne" — wie Anastasius Grün die hohe Frau preisend nennt — nach der Königsburg von Buda=Pest!

„Donau, des Ostens schöne Braut," an der „Pforte deutscher Lande," — da du Ungarns Boden betreten willst — hier werben dein „die Abgesandten des mächt'gen Osts, des liebentbrannten, die Süden=lüfte, die Sonnenstrahlen und bieten dir in goldner Schale Korn, Wein und Rosen als Brautgeschenke"

> Daß sich dein Pfad in Sehnsucht lenke
> Zum Lande, wo so reich gedeiht
> Fruchtfüll' und Lebensfreudigkeit.

Mir aber — ruft der Dichter — rauscht in deinen Wellen

> Das Brausen einer neuen Zeit,
> Als Strom der Zukunft voll und breit
> Beschreitest du des Fremdlands Schwellen.

> Wie auf dem magischen Krystalle
> Gestalten aus der Todtenhalle,
> Geister noch ungeborner Zeiten,
> Und übergoldet wallt dein Bronnen
> Vom Glanz der hellsten Zukunftssonnen.

Einst schiffte mit bekreuztem Trosse
Den Strom hinab der Barbarosse;
Stromketten, die ein Zöllner zog,
Durchhieb sein Schwert, daß Feuer flog!
Dann steuert er zum fernen Sunde
Unaufgehalten seine Bahnen,
Auf allen Schiffen Kreuzesfahnen,
Des Glaubens Lied auf jedem Munde.
Einst wird mit frischen Wanderschaaren
Den Strom hinab unaufgehalten
Ein neuer Barbarossa fahren,
Ein neuer Held im Kettenspalten;
Der jungen Freiheit Banner schweben
Von allen Schiffen dann in Lüften,
Er steuert nicht zu heiligen Grüften,
Nein, frisch ins volle heilige Leben!
Da zittert ihm die große Stunde
Durch's Herz in aller Herrlichkeit,
Als Lied erwacht auf seinem Munde
Die Poesie der neuen Zeit!

Vorher aber werden noch wacker zu thun bekommen
die Gränzsoldaten[1] all „am Pestcordon," denn

Die Schlachten unsrer Väter sind
Noch auszukämpfen dort;
Ein gutes Christenschwert gewinnt
Noch Arbeit fort und fort![2]

[1] Der Gränzsoldat. Anastasius Grün. Gedichte (vierte Auflage).
Berlin, Weinmann, 1869. S. 358 ff.
[2] „Der Gränzsoldat" a. a. O. S. 360.

„Klangvoll Böhmerland.“

Finden üb'rall offene Ohren und Hände
Und schäumende Becher und Beifallsspende.
                                        Anastasius Grün.

Das mächtige Böhmen mit seinen silber= und kohlen=
reichen Schachten, mit seinen jagdreichen Forsten, mit
seinen gewerbfleißigen Industriebezirken, namentlich aber
mit seiner Fülle von talentvollen Köpfen, die in allen
Zweigen des Wissens und der Kunst gleich hervor=
ragende Leistungen aufzuweisen haben, das mächtige
Böhmen mit den eisenfesten Leibern seiner Söhne,
Anastasius Grün hat es in einem seiner herrlichsten
Gedichte, das dem Andenken eines der größten Söhne
Böhmens, dem Vater „Radetzky“ gewidmet ist, die
„Heldenmutter“ genannt.[1]

Was Böhmens Kinder auf den Schlachtgefilden
des Doppelaars die Jahrhunderte über gleistet, das
zu überschauen, das in seinem vollen Werthe zu er=
fassen, war wol einem Auersperg am nächsten gelegen,
bilden doch die Repräsentanten dieses Geschlechtes in

[1] Ueber dieses herrliche Gedicht siehe letzten Abschnitt.

der k. k. Armee die Zeiten her zusammengenommen für
sich ein kleines Corps, ein Gardecorps, zusammengesetzt
aus Heerführern und Commandanten, deren wol jeder
einzelne auf seinem Posten da und dort in blutiger
Feldschlacht erproben konnte: Heldenmuth und Todes=
verachtung der Söhne der Heldenmutter Bohemia!

Sie konnten erproben, was Anastasius Grün[1]
so wahr sagt:

„Wo Böhmen je noch kämpften, fehlts auch an
Hieben nicht.

Klangvoll Böhmerland! — im Geklirre der
Waffen, im Tosen der Schlacht, aber auch „klangvoll
Böhmerland" bei Lustgelag und Saitenspiel.

„Ihr böhm'schen Musikanten wohlan, spielt auf
zum Tanz.[1]

die böhmische Musik, sie ist bekannt über den
ganzen Erdkreis:

Die Spielleut grüßen manch fernes Land,
Sind üb'rall willkommen und wohlbekannt,
Finden üb'rall offene Ohren und Hände,
Und schäumende Becher und Beifallsspende.[2]

Anastasius Grün hebt in diesen Versen die weite
Verbreitung und die große Beliebtheit der böhmischen
Musik hervor, indem er vorausgehend das Leben und

[1] Der letzte Ritter S. 156.
[2] Der letzte Ritter S. 155.

Treiben eines böhmischen Musikantendorfes in
vollster Anschaulichkeit geschildert hat.

Wir wollen das schöne Gedicht hier vollinhaltlich
folgen lassen.

Das Musikantendorf.

Es blinkt ein Dörflein in Böheims Land,
Drin was da lebendig, ein Musikant;
Verkehrte Schwalben, im Lenz entflogen,
Sind jetzt im Herbste sie heimgezogen.

Du meinst, die Nachtigallen der Welt
In Einem Busch hier alle gesellt,
Du meinst, es müssen hier tausend Quellen
Zu Einem melodischen Strome schwellen.

Horch lieblich spielt hier im Erdgeschoß
Ein Stück zur Geige der Virtuos;
Aufs Jahr durchklingt's der Länder Weite,
Glückseliger dich entzückt's schon heute!

Doch furchtbar jetzt aus dem Nebenhaus
Braust polterndes Paukengewirbel heraus,
Dein Ohr es glich dem Knappen im Schachte,
Auf den ein Bergsturz zusammenkrachte!

Horch drüben flötet's so süß und rein
Und wiegt in gaukelnde Träume dich ein,
Doch hier der Trompeten Schmettern und Krachen
Sorgt für dein zeitiges Wiedererwachen.

Rabics, Anastasius Grün.   7

Horch Mädchenstimmen so lieblich und hehr!
Dein Ohr durchschifft des Wohllauts Meer!
Am Brummbaß hat der Nachbar Behagen:
Vom Sturm ach wird dein Schifflein verschlagen.

Horch Waldhornklang! Wie herrlich er schallt!
Dir säuselt der duftige grüne Wald;
Doch dort des Dudelsacks Surren und Summen
Dich mahnt's, daß in Wäldern auch Bären brummen!

Hier flüstert der Guitarren Erguß
Von Rosenlauben und heimlichem Kuß;
Dort braust aus dem Haus der Klang der Fagotte,
Wie von Betrunkenen eine Rotte.

Der übt auf dem Klarinett sich ein,
Der will ein Meister am Hackbrett sein;
Dort stürzt vom Fenster Posaunenschall nieder,
Wie eines Verzweiflers zerschmetterte Glieder.

Jed' einzelner Ton klingt gut und rein,
Doch will kein Einklang Aller gedeihn,
Wie die zerhauenen Glieder der Schlangen
Sich winden und nie zusammengelangen.

So heult's durcheinander und wimmert und dröhnt,
Und ächzt und schnurrt und pfeift und stöhnt,
Als säßen im Chor des Mißlauts Geister,
Als wäre Satan Kapellenmeister!

Du fliehst und suchst vor dem Thore Ruh,
Und fühlst, es dachten die Vögel wie du
Die Schwalben und Störche, die auch entflogen,
Weil heim die Musikanten zogen.

Doch wenn der Schnee zu schmelzen begann,
Dann wallt aus dem Dörflein Weib und Mann,
Die wollen ostwärts, die westwärts wandern,
Nach Süden die Einen, gen Norden die Andern.

Vereint, was getrennt zu Hause war!
Dort drei, hier ein Pärlein, dort eine Schaar,
Wie des Wohllauts Geist sie zu Kränzen reihte
Und, Blumen gleich, durch die Lande streute!

Das kommt dem Dörflein auch eben recht,
Drin musicirt der Lerchen Geschlecht,
Frau Schwalbe kommt herbeigeflogen,
Herr Storch ist auch wieder eingezogen.

Die Spielleut' grüßen manch fernes Land,
Sind üb'rall willkommen und wohlbekannt,
Finden üb'rall offene Ohren und Hände,
Und schäumende Becher und Beifallsspende.

Da hat jeder Busch seine Nachtigall
Und jeder Fels seinen Wasserfall,
In allen Wäldern die Vögel singen,
Durch alle Thäler die Quellen springen.

„Klangvoll Böhmerland!"

Finis Poloniae.

Drei Glocken eurer Andacht, selbst drei Hallen!
O Bild des Heimathlands, dreifach zerfallen!
Drei Fürsten theilten dieß! Ihr thut noch schlimmer,
Ihr theilt und schlagt den eignen Gott in Trümmer.
                                        Anastasius Grün.

Der Polen verhängnißvolles Schicksal, es mußte,
wie es durch Jahrzehente aller Völker Mitgefühl mäch=
tig aufgeregt, zuvörderst wol den „Freiheits = Sänger"
mit tiefem Schmerz erfüllen.

Er gab diesem Schmerze in einem größeren Poem
beredten Ausdruck, doch verfehlte er nicht, auf den Quell
des Unglücks, die eigene Uneinigkeit, hinzuweisen und
seine „Nänie" ward zum — didaktischen Gedicht!

Es war im Jahre 1844, daß in Paris zur Ver=
herrlichung des Polenhelden Koscziusko und der
polnischen Sache eine Jahresfeier gehalten wurde.

In Graz lebte internirt der gewesene „Reichstags=
marschall des Königreichs Polen," Graf Ostrowski,
eine hochragende, breitschultrige, würdige Greisengestalt
mit langherabwallendem weißen Lockenhaar, ein Mann
der liebenswürdigsten Umgangsformen, ein hoher Geist,

ein edler Charakter, von Allen, die ihn kannten, die ihn nur sahen — ganz Graz kannte ihn — geliebt und geachtet.

Mit diesem trefflichen Manne stand Anastasius Grün in vielfachem geistigem Verkehr und aus Ostrowski's Hand empfing ein polnischer Landsmann des „Marschalls," der gegenwärtige Reichsrathsabgeordnete Dr. Chelmecki[1] das Gedicht, das Auersperg anläßlich der erwähnten Jahresfeier gedichtet und dem Grafen Ostrowski im Manuscripte übergeben hatte.

Ich lasse hier das vielfach interessante Gedicht in seinem Wortlaute folgen; es heißt:

Eine Jahresfeier.

29. November 1844.

Durchbohrt von Russenspeeren, Preußenblei
Fiel einst Koszciusko mit dem Schmerzensschrei
Aus bleichem Mund: „Finis Poloniae!"
Sein hoffend Volk doch rief im herbsten Weh:
Nein, noch kann Polen nicht verloren sein!
Nein, rief der heut'ge Tag vor vierzehn Jahren,
Nein, jauchzten Polens junge Heldenschaaren,
Aus tausend Feuerröhren sang es: Nein!

[1] Der freundlichen Mittheilung des Dr. Chelmecki verdanke ich die Kenntniß des herrlichen Gedichtes. — Auch in der „Paulskirche" hat Auersperg, dem daselbst der Pole Trentowski, Docent der Philosophie an der Freiburger Universität, zur Seite war, herzhaft und warm für die Polen gesprochen.

Aufs Neu in Warschau rief's der Zwietracht Hyder,
Ukas und Russenmörser hallten's wieder
Im Donnerchor: Finis Poloniae!
Nein! knirschten die zersprengten Polenschaaren,
Nein! zürnten wir vertraut mit ihrem Weh,
Als unser Land sie sah ins Elend fahren.

Paris du Märchenwelt im Alltagsschimmer,
Du Tempeldach, in dessen Hort
Geflüchtet Schätze ruhn aus Süd und Nord,
Zerrissne Freiheitsfahnen, Kronentrümmer!
Du Arche, Retterin in Sturmesfluthen,
In deren Raum vertrauend treten
Gestürzte Zwingherrn, neuer Zeit Propheten,
Wie dort einst Lamm und Leu beisammen ruhten!
Du Lasterpfuhl, der duldsam höflich Raum
Der Tugend läßt für ihren kühnsten Traum!
Du nahmst die flücht'gen Wandrer auf, laß sehn,
Wie sie das Fest des heut'gen Tags begehn?

Horch! von Saint Rochu kenn' ich die Glockentöne:
Ein Todtenamt! In Trauerkleidern prangen
Der Priester und verbannte Polensöhne.
Altar und Wand mit schwarzem Tuch behangen.
O schöne Feier! Geisterhände legen
Auf der Lebend'gen Häupter ihren Segen;
Ein Brudergruß, ein Bundeskuß entboten
Von den Gefallenen in Polens Schlachten
Und von den Geistern der lebendig Todten,
Die am Ural und in Sibirien schmachten!
Doch nicht vollzählig dünkt mir die Gemeine,
Der ragenden Gestalten fehlt manch Eine?
„Wer nicht mit uns, deß können wir entrathen,
Wir sind des Volkes Herz: die Moderaten.“

Und horch! Den Seine Strom herübergleitet
Noch Glockenklang! Ein Zug von Polen schreitet
Dem Rufe nach den Flor um Hut und Herzen,
Bei Saint Germain glühn seine Trauerkerzen,
Will Glaubenszwist euch in zwei Kirchen spalten,
Daß ihr nicht mögt zu euren Brüdern halten?
„Was Jene säen, das sind nicht unsre Saaten,
Wir sind des Volkes Fuß: die Demokraten.“

Und wieder horch! Es ruft die Kathedrale
Ihr Glockenwort! Carrossen mit Lakaien
Und Wappen stolz am gothischen Portale;
Drin feine Herrn und Damen schön wie Feyen.
Auch Polen hier in dieses Domes Hallen?
Fand bei den Brüdern sich nicht Raum für Alle:
„Wir beten nicht zum Gott der Demokraten;
Wir sind des Volkes Haupt: Aristokraten!“

Weh, so ihr meint: es zeuge Leben wieder
Dieß Zucken der zerhau'nen Schlangenglieder!
Weh, daß nicht kann die Gluth von Schmerz und Nöthen
Solch herrliches Metall in Eines löthen!
Drei Glocken eurer Andacht, selbst drei Hallen!
O Bild des Heimathlands, dreifach zerfallen!
Drei Fürsten theilten dieß! Ihr thut noch schlimmer,
Ihr theilt und schlagt den eignen Gott in Trümmer.

Am Dom vorbei wallt' ungesehn vom Trosse
Ein Reitersmann auf seinem Geisterrosse;
Ein Polenaug' säh's ihn, hätt' ihn erkannt!
Streng seine Züg', altfränkisch sein Gewand,
An seinem Leib den Waffenstaat der Krieger,
'Ein brauner Bauernmantel fremd beschattet

Der Heimatherde Bild, die manchen Sieger
Zum Kampf erwärmt, ihn schirmt und nicht bestattet;
Sein Blick voll Trauer, grau sein Lockenhaar,
Koscziusko ist's! Auf seiner Faust im Harme.
Gesenkten Haupts sitzt Polens weißer Aar,
Wie Königsfalken auf dem Jägerarme.
Jetzt schwingt die Hand er, läßt den Vogel steigen:
„Was diese Frei'n geübt', nicht kann's erbau'n,
Laß uns nach Rettern, die in Ketten schau'n!
Zieh über Warschau's Thürmen deinen Reigen.
Frag' in der Krone Polen alten Ländern
Die Eingesperrten, in Kosakenwällen
All' die Gebundnen in Ukasenschlingen,
Frag die Gefangenen in seidnen Bändern,
In goldnen Ketten an der Weichsel Wellen!
Senk' auf das Schreckenland von Eis die Schwingen.
Laß ob Wüsten von Irkutzk deine Flügel wehn,
In Gruben von Nertschinsk dein Auge spähn!
Und schmiedet dort auch einer Fessel Erz
Nur Polenhände, nicht das Polenherz:
Dann fahre wohl, dann ruf' ich herbstes Weh
Zum letztenmal: „Finis Poloniae!"

Welch' andres Bild! Als Held und einheitlicher
Mittelpunkt seines Volkes, König Jagello, der un=
erschrockene Bekämpfer der Feinde Polens, der Gründer
der Universität von Krakau.

Dem seiner Nation unvergeßlichen König, der 1434
sein Leben beschloß

> im Wald und Rohr
> Noch in seinem Ohr
> Nachtigallenton

hat Anastasius Grün ein leiergeschmücktes Denkmal gesetzt, tönend wie eine Memnonsäule, über die der Hauch der Erinnerung seines Volkes streift.

Das schöne Gedicht, nur wenig bekannt,[1] möge hier seinen Platz finden:

Jagello.

Nachtigallenmacht
Füllt den Eichenwald,
Weithin wiederhallt
Jauchzende Liederschlacht.

Polens Heeresmacht
Lagert am Waldessaum,
Fürst Jagello im Traum
Ruht, vom Zelt umdacht.

Plötzlich ihn erweckt
Lang entbehrter Klang, —
Ha, der Sprosser Sang
Hat ihn aufgeschreckt.

Durch Verhau und Wacht
Dringt's ins Königszelt
Und ihn überfällt
Nachtigallenmacht.

[1] Oesterreichisches Frühlingsalbum, 1854, herausgegeben von Heliodor Truska, mitredigirt von K. A. Kaltenbruner. Wien, S. 439 ff.

Von dem Schilde dort
Als ein Echo prallt's
In dem Helm rund wallt's
Tönend fort und fort;

Süßer Klang umspinnt
Ihm das Schwert zugleich,
Wie mit Watte weich,
Wie mit Seide lind.

„Klang der Seligkeit
Längstvergess'ner Laut,
Wie erweckst du traut,
Längst vergess'ne Zeit!

„Meine Kinderzeit,
Als ich dir gelauscht,
Nachtigallberauscht
Tief in Einsamkeit;

„Mich im Forst verlor,
Bis mich Mütterlein
Fand in Todespein
Unter Busch und Rohr.

„Dort ein munt'rer Knab',
Hier ein müder Greis,
Dort das frische Reis,
Hier der morsche Stab.

„Was dazwischen liegt,
Traurig sieht's mich an:
Dornenvolle Bahn,
Die ein Fürst durchfliegt!

„Gib mir dein Geleit
Wonniger Waldchoral,
Tauche mich noch einmal
In die ferne Zeit."

Und er stürzt zum Wald
Nachtigallberauscht,
Horcht und wallt und lauscht,
Wo's am schönsten schallt.

Doch die Klänge scheu
Vor dem Lauscher fliehn,
Locken ihn und ziehn
Mit sich fort aufs Neu;

Hier der rollende Fall,
Dort das flötende Flehn;
Holdes Irregehn!
Wohlklang überall! — —

Weißer Nebelflor
Hängt am Binsenstrauch,
Und mit qualmendem Hauch
Athmet schwer das Moor.

Kalt und scharf der Thau
Von den Blättern fällt,
Und der Irrwisch hält
Dort die Leuchte blau.

Durch das knisternde Rohr
Schleicht das Fieber sacht,
Auf den Lüften der Nacht
Schnellt's den Pfeil hervor,

Trifft ins Königsherz!
Greises Heldenbein,
Ist nicht Stahl und Stein,
Nieder wirft ihn Schmerz.

An der Eiche Saum
Sinkt er todesmatt.
Letzte Liegerstatt
Beut der alte Baum.

So im Kriegeszug
Polens König starb,
Den kein Feind verdarb,
Den kein Schwert erschlug.

Starb nicht auf dem Thron,
Starb in Wald und Rohr,
Noch in seinem Ohr
Nachtigallenton.

In Gesang gewiegt,
Eingesargt in Sang!
So verschönt der Klang,
Was dazwischen liegt.

Und auch die unvergängliche in Wort und Bild
viel gefeierte Rettung Wiens von den Türken
durch Sobieski's Polenheer im Jahre 1683 hat in
Anastasius Grüns Dichtungen ihr sonnig-helles
von des Humors duftigem Rosenkranz umrahmtes
Spiegelbild gefunden.

Der Dichter greift aus Sobieski's Heldenschaar
einen lustigen Reiter Lubomirski, des uralt berühmten

Fürsten= und Heldengeschlechtes heraus, der wieder
einziehend in das „befreite Wien," auf deren hoher
Schule die Bildung — die deutsche Bildung — er
genossen, gar arg die vorher hier gewohnte Lustigkeit
vermißt und aufgepflanzt sehen will auf den Trümmer=
mauern das „Panier der Lust."

Schweigend durch der Straßen Leere
Zog Fürst Sobieski ein;
Der zerstäubt der Türken Heere,
Treues Wien, dich zu befrei'n.

Schweigend Polens Edle zogen
Hoch zu Roß, um ihren Herrn,
Wie ein farb'ger Regenbogen
Um den hellen Abendstern.

Trüber Sieg, voll Bruderleichen!
Perle, deren Taucher sank.
Erntefest nach Hagelstreichen,
Ohne Lied und Tanz und Schwank!

Schweigend reiten die Genossen;
Nur den Winkeln eines Munds
Will schon Lust und Scherz entsprossen,
Frühe Blumen üpp'gen Grunds!

Lubomirski war der Reiter,
Dessen Auge nie geweint,
Immer wolkenlos und heiter,
Wie die Sonn' im Süden scheint.

Er begrüßt die wohlbekannten
Straßen rings, die Hochschul' dort,
Der ihn einst die Eltern sandten,
Als der Weisheit sich'rem Port.

— — — — — —

Aber jetzt rings Trümmermassen
Schutt und Asche blutbenetzt.
Blickend über Pläz' und Straßen
Spricht der Polenjüngling jetzt:

Schönes Wien, wie arg zerschossen!
Fast zu kennen bist du nicht,
Wie wenn Pockengift durchsprossen
Eines Bräutchens hold Gesicht.

Die Schenken sind leer — „Frohsinns Tempel
schön'rer Zeit" — statt „des feurig goldnen Nasses"
quillt „aus dem Versteck des Fasses jetzt der Wirth
mit Weib und Kind," Fiedler, Pfeifer, Lautenträger,
Zitherspieler, Hackbrettschläger, wo sind sie?

Hohe Schule, deine Hallen
Sind gesperrt, verrammelt gar,
Thatest nie mir den Gefallen
Sonst, als eben recht mir's war.

— — — — — —

Musensöhne, statt zu plagen
Euch da drinnen mit Latein,
Habt ihr euch gut deutsch geschlagen
Draußen auf dem Wall im Frei'n!

Wo ist das Liebchen? das Fenster im vierten Stock=
werk, wo „lieblich das Röslein nickte,“ ist leer.

War der Sturm, der diese Straßen
Durchgefegt, ihr nicht zu rauh?

Schönes Wien, leg' ab die Trauer,
Nicht zum Weinen taugt dein Blick —
Trag auf deine Trümmermauer
Das Panier der Lust zurück!

— — — — — — —

Also sprachst du, heit'rer Pole;
Längst vermodert ist dein Herz,
Längst schon hob aus Schutt und Kohle
Wien das Antlitz sternenwärts.

Sieh', voll Rosen auf und nieder,
Jeglich Stockwerk jetzt und Haus!
Denn die Rosen und die Lieder
Heißt es, gehn in Wien nie aus.

Straßen blinkend voll Paläste,
Keller voll von süßem Wein,
Schenken voll Musik und Gäste
Darfst um uns besorgt nicht sein.

Doch zur Ferne sieh nach deinem
Armen, schönen Vaterland,
Und du lernst im Grab das Weinen,
Das du lebend nie gekannt.

Wien.

Sieh voll Rosen auf und nieder,
Jeglich Stockwerk jetzt und Haus!
Denn die Rosen und die Lieder,
Heißt es, gehn in Wien nie aus.

Straßen blinkend voll Palläste!
Keller voll von süßem Wein,
Schenken voll Musik und Gäste,
Darfst um uns besorgt nicht sein.

Anastasius Grün.

Schon am sangesfreudigen Hofe der Babenberger
Herzoge nahmen die Auersperge, die bereits im
12. Jahrhunderte in verwandtschaftlichen Beziehungen
zum deutschen und byzantinischen Kaiser, zum Herzog
von Cleve, zum schlesischen Fürsten Boleslaw und zu
den ersten Familien des „Reiches" standen, einen be-
vorzugten Rang ein und Herr Hanns von Auersperg
(geb. 1192) war als einer der ersten Turnierkämpen
bekannt, wie er denn vom Minnesänger Ulrich von
Liechtenstein beim Turnier zu Friesach (in Kärnthen)
genannt wird, „als der von Owersperch, der riters
tât dâ tet."[1]

---

[1] Ulrich von Lichtenstein, herausgegeben von Lachmann, mit
Anmerkungen von Th. v. Karajan. S. 66. V, 6 f.

Die großen Hoffeste der Babenberger in Wien, auf dem Leopoldsberg und in Mödling, sie sahen oft auch Repräsentanten des edlen ¡Geschlechtes der Herrn von Owersperch.

Noch mehr stieg der Einfluß der Familie, welcher, wie wir oben bemerkt haben, an der Südostgrenze Oesterreichs eine so hochwichtige Culturmission oblag, in den Tagen der ersten Habsburger, und er mehrte sich von Jahrzehent zu Jahrzehent.

Schon zu Beginn des 15. Jahrhunderts sehen wir eines der wichtigsten Staatsämter, die Verwaltung des Salzgefälls (die praefectura salis) in Wien dem Herrn Georg IV. von Auersperg anheimgegeben.

Dieser Herr von Auersperg baute 1436 die im 9. Jahrhundert erbaute St. Ruprechtskirche (die älteste Kirche von Wien), die vor Alter schier zusammengebrochen war, wieder auf.

Als der „Weiskunig,“ der Vater des „letzten Ritters,“ Kaiser Friedrich III. in der Hofburg zu Wien von den Bürgern Wiens belagert wurde (1462), da eilten mit der „Blume der krainischen Ritterschaft“ die Gebrüder Hans, Jörg und Wilhelm von Auersperg dem bedrängten „Landesvater“ zu Hilfe und waren neben den Böhmen unter Podiebrad die ersten beim Entsatze der Kaiserburg.

Für diese „Befreiung der kaiserlichen Majestät“ erhielt das Land Krain eine Verbesserung seines Wappens, den Auerspergen ward die eigens für sie in der Heimath aufgerichtete Erblandmarschallswürde verliehen.

Der Vater des Helden Herbard VIII. von Auersperg, Herr Trojan I. bekleidete um 1535 das Amt eines Statthalters der niederösterreichischen Lande und besaß in der Stadt Wien, wo er seinen Amtssitz hatte, ein Haus in der „Schauflugkhen" (Schauflergasse), das auf den Sohn überging.

Die Brüder Weikhard und Dietrich von Auersperg waren nacheinander Hofkriegsräthe beim Kaiser und an den Grenzen.

Als Staats- und Conferenzminister Kaiser Ferdinand III. und vorher als Erzieher König Ferdinand IV. war der erste Fürst von Auersperg Herr Johann Weikhard lange Jahre in Wien, bis er 1669 gestürzt wurde und nach Laibach in die Verbannung mußte. [1]

Leopold Graf Auersperg, geb. 1663, war kaiserlicher Reichshofrath und später Gesandter in England, Spanien und Italien. [2]

Der Hofstaat Maria Theresia's weist uns den Fürsten Heinrich Johann Joseph als Oberststallmeister und als Oberstkämmerer und mehrere schöne

---

[1] Drei diplomatische Relationen aus der Zeit Kaiser Leopold I., mit einer Einleitung von Adam Wolf. Archiv für Kunde österreichischer Hilfsquellen. Herausgegeben von der k. k. Akademie der Wissenschaften. XX. Band. S. 289 ff.

[2] Von ihm bewahrt die kaif. Hofbibliothek in Wien ein Manuskript: Negociations diplomatiques 1695—1699 (Nr. 7254 et 7255). Siehe über ihn auch das bekannte vortreffliche Werk von Alfred Arneth: Prinz Eugen. I. 216.

und edle Damen des Hauses Auersperg als Palast=
damen der unvergeßlichen Kaiserin=Königin.

Unter Kaiser Joseph II. war Maria Joseph
Graf v. Auersperg Hofvicekanzler. Als solcher
präsidirte er 1781 der vom Kaiser anbefohlenen Com=
mission zur Ausarbeitung eines allgemeinen politischen
Codex für die böhmischen und österreichischen Erb=
länder, in welcher Commission der „Befreier von der
Tortur" Sonnenfels das Referat führte. Joseph
Maria v. Auersperg bewohnte während seiner Kanzler=
schaft ein ihm vom Kaiser zur Disposition gestelltes
sog. „Hofquartier," auf dem Stock=im=Eisenplatze,
das er so lange inne hatte, bis er als Gouverneur
nach Siebenbürgen ging.

In neuester Zeit wirkte weil. Fürst Vincenz
Auersperg ein hoher Kunstmäcen als Oberstkämmerer
und Intendant der kaiserlichen Hoftheater in der ver=
dienstvollsten Weise und war zugleich als patriotisch=
politischer Schriftsteller („Sustine et abstine" „zwischen
Stamm und Rinde" u. s. w.) — jedoch ohne Nennung
des Namens — thätig; seine erlauchte Wittwe die
Frau Fürstin Wilhelmine Auersperg, geb. Für=
stin Colloredo=Mannsfeld, ist als coeur d'ange
im wahrsten Sinne des Wortes auch über Oesterreichs
Gaue hinaus bekannt.

Die Minister=Präsidentschaft in der neuen
constitutionellen Aera Oesterreichs führte von Auer=
spergen zuerst (1870) Carlos Fürst Auersperg —

gegenwärtig Präsident des Herrenhauses des öster=
reichischen Reichsrathes — und seit 1872 dessen Bruder
Fürst Adolph Auersperg!

*   *   *

Anastasius Grün, „in den zwanziger und dreißi=
ger Jahren" in Wien weilend, schloß sich hier dem
Kreise Gleichgesinnter und Gleichstrebender an, der
seinen Sammelpunkt in dem oft genannten „silbernen
Kaffeehaus" (beim Neuner) hatte, „dessen Lage in der
Plankengasse fast im Mittelpunkte der innern Stadt
es zu dem geeignetsten Vereinigungsorte der in dem
großen Wien und dessen Vorstädten zerstreut und ent=
fernt wohnenden Freunde gemacht hatte."

Zu diesem Kreise zählten nebst Auersperg u. A.
die Dichter Grillparzer, Lenau, Seidl, Bauernfeld,
Feuchtersleben, Zedlitz, L. A. Frankl, C. G. v. Leitner,
Braunthal, Badenfeld, Castelli, Raimund, J. N. Vogel,
Levitschnigg, Hermannsthal, Deinhardstein, Stelz=
hammer, der Pole Boloz v. Antoniewicz u. s. w., die
Gelehrten Ferdinand Wolf, Kaltenbäck, Karajan, Enk
u. v. a. Künstler, Musiker, Maler und Schauspieler.

„Einerseits — schreibt Auersperg[1] — die ent=
schiedene Abneigung des damaligen Regierungssystems
gegen die lebendigere Regsamkeit aufstrebender Geister

---

[1] Nicolaus Lenau's sämmtliche Werke, Herausgegeben von
Anastasius Grün. Stuttgart und Augsburg. J. G. Cotta'scher
Verlag. 1855. I. S. XXV f.

und gegen jede Art von Vereinswesen, insbesondere
wo es literarischen oder politischen Tendenzen gelten
konnte; anderseits das unabweisbare Bedürfniß des
Ideen= und Meinungsaustausches unter strebsamen
jugendlichen Gemüthern, welche die gleiche Geistes=
richtung vereinigte, hatten zu dem unverfänglichen
Auskunftsmittel geführt, den freien Besuch und die
geselligen Freuden eines öffentlichen Vergnügungsortes
zum Anknüpfungs= und Vermittlungspunkte für einen
lebendigen geistigen Verkehr zu wählen, welcher Allen,
ursprünglich wünschenswerth, allmählig überaus lieb,
ja ganz unentbehrlich wurde. An die kleine Freunde=
schaar schloß sich durch die einem solchen Kreise in=
wohnende Anziehungspunkte allgemach, theils bleibend,
theils vorübergehend, fast Alles an, was die Kaiser=
stadt an einheimischen Berühmtheiten und jüngeren
Kräften in Literatur und Kunst aufzuweisen oder die
Fremde an ausgezeichneten Söhnen eben nach Wien
gesendet hatte. — Nebst Karten=, Schach= oder Billard=
partien, nebst Kaffee und langer Pfeife bot ein Besuch
des silbernen Kaffeehauses die Gewißheit des Zusam=
mentreffens mit alten Bekannten oder mit hervor=
ragenden Persönlichkeiten aus der Nähe und Ferne und
die nie getäuschte Aussicht auf heiteres Scherzgespräch
oder ernstere interessante Erörterungen." — „Auf
solche Weise" — manches Kunstwerk fand hier seine
Anregung, seine Entstehung — „knüpfte sich für die
Geschichte der Literatur in Oesterreich an den unschein=

baren Rahmen eines Kaffeehauses manche anziehende
Erinnerung und schwebt um dessen profane Räume
gewissermaßen der Nimbus einer akademischen Glorie."

Am innigsten schloß sich Auersperg von allen den
genannten „Rittern vom Geiste" an Lenau an, mit
dem er am häufigsten verkehrte und den er auf näheren
und weiteren Ausflügen in die Umgebung der Residenz
begleitete.

Diesem „seinem geliebten Freunde" widmete er
denn auch seinen „Pfaffen vom Kahlenberg," in welchem so viele Landschaftsbilder, die sie im Vereine
geschaut, in prächtigen entzückend schönen Wortgemälden
wieder gegeben sind.

Den ersten Eindruck, den Wien auf unsern
vom Süden kommenden Dichter gemacht, er hat ihn
im „letzten Ritter" verewigt.

Auf eines Hügels Fläche, genannt der Wienerberg,
Steht eine graue Säule mit krausem Schnörkelwerk;
Die Spinnerin am Kreuze heißt sie seit alten Tagen,
Die heut noch sie umrauschen in alten dumpfen Sagen.

Noch heut zu Tage fühlst du, o Wandrer, der hier steht
Von süßen, heil'gen Schauern dich zaubervoll umweht
Und wie ein goldner Adler mit klingendem Gefieder
Senkt sich vom hohen Aether Begeistrung auf dich nieder.

Denn herrlich, unermeßlich in Pracht und Größe lag
Die alte Stadt der Kaiser mit einem Zauberschlag;
Rings grüne Höhn und Wälder, Strom, Auen, Saatengold
Wie Gottes Segensbulle vor dir nun aufgerollt.

Rund um das Meer von Steinen hier sanft durchs Thal gedehnt
Auf Bergen, grünen Flächen, an Hügel dort gelehnt,
Kapellen, Dörfer, Schlösser, zerstreut im grünen Rasen
Wie weiße Lämmer, die seitwärts der großen Heerde grasen.

Und reges, frohes Murmeln dumpf rasselnder Karren Klang
Und Glocken von hundert Thürmen Gejauchz und Jubelsang,
In tausendfält'gem Echo klingt's plötzlich auf zu dir,
Als rief' ein einz'ger Hymnus: ein glücklich Volk lebt hier!

Dieß Bild einmal geschaut, wer vergißt es je, selbst
wenn er, heimisch geworden in der Stadt an der „schönen
blauen Donau," zu hundert Malen die andere Ansicht
von den Höhen des Kahlenberg genossen, selbst wenn er
sie mit dem geistigen Auge Anastasius Grüns genossen.

> Liegt auf dem Kahlenberg ein Schloß
> Der Blick ins Land so weit, so groß;

übersieht man doch

> Die grünen Au'n am schönen Strom
> Die Saatgefilde, Rebgelände,
> Der Gränzgebirge blaue Wände,
> Die blanke Stadt mit ihrem Dom,
> Die Schiffer in den Silberwogen,
> Die Wandrer, die des Weges zogen.

— — — — — — —

> Die Aussicht auf dieß schöne Land
> Von duftigen Bergen blau umspannt,
> Vom mächtigen Silberstrom verschönt,
> Von Städten und Burgen blank bekrönt,
> Befragt das Land, das feiernd schweigt:
> Brauchst du zur Fürsprach meinen Mund.

Was Wunder, daß Anastasius auf diesen Höhen
vor den Thoren der Stadt die edelsten höchsten An=
regungen gewann, wie er es denn selbst ausdrücklich
unter den „Frühlingsgedanken" in den „Spazier=
gängen" bemerkt hat, daß er sie „auf dem Cobenzl=
berge geschrieben."

Er schildert uns begeistert, wie er dasaß auf dem
Hügel unterm grünen Baum, der ihm wie ein Früh=
lingstraum säuselnd um die Schläfen spielte, „wie er
frei die Blicke schweifen ließ über Felder, Höh'n und
Wald, bis die fernen blauen Berge ihnen höhnend
riefen Halt!"

Ebnes Land liegt mir zu Füßen wie ein stilles grünes Meer,
Weithinaus, wie Möven, kreisen meine Blicke drüber her;
Gleichwie schmale lichte Furchen, die durchs Meer die Schiffe
ziehn,
Schlängeln Donaustrom und Straßen sich als Silberstreifen hin.

Rings empor als inselreicher, stolzer Archipelagus
Ragen Dörfer, Schlösser, Städte blinkend wie aus Silberguß,
Doch vor allen groß und mächtig ragt ein Eiland aus dem Meer,
Dem als Tannenwald die Stirne krönt gewalt'ger Thürme Heer.

Du bists Wien, Stadt der Cäsaren!

— — — — — — — — — — — — — — — — —

Prangend über jedem Stadtthor stehn die Wappen unsres Lands,
Flinke Lerchen, stolze Adler, in Metall und Marmorglanz.

Am stolzesten prangt aber der Aar am Münster
hoch oben, am Dome zu Stephan der da weist

— — ein schweigender Prophet
Mit straff emporgerecfter Hand
Hinauf ins dunkle Sternenland.

Und des Stephansdomes Musterbau er läßt den
Dichter erklärend der Gothik Wundergestalten an unserm
Aug' vorüber führen.

Den Himmel stürmt in tapfrer Hast
Der deutsche Christ, der beide Theile
Des spitzen Bogens zusammenfaßt
Und aufwärts schießt gleich einem Pfeile
Das Münster mit dem steilen Dach,
Dringt in den Himmel allgemach
Gleich eingetriebnem mächtigem Keile;
Und wie er auch den Ernst des Ganzen
Mit Ast und Blumenschmuck umrändert,
Die Giebel sind erhobne Lanzen
Wenn auch bekränzt und reich bebändert.
Doch deutsche Kunst ist's, die's vollbringt,
Daß Anmuth der Gewalt nicht fehle;
Der Thurm von Stein scheint eine Seele,
Die christlich fromm nach aufwärts ringt.
Mühvoll aus rauhen Erdenmassen
Hebt sich die gottgeweihte Quader;
Jetzt strömt ihr Leben in die Ader
Beginnt in Formen sich zu fassen.
In rohen Stämmen klimmt's zum Licht,
In Stufen nur mit steiler Wendung
Bis zwischendurch ein Strahl jetzt bricht,
Das Leuchten künftiger Vollendung;
Und freier, kühner wird das Klettern
Und schießt in Zweigen, quillt in Blättern;

Durchbrochnes Laub mit zarten Rippen
Will Morgenthau im Aether nippen,
In Fluthen strömt der Tag darein
Verklärt vergeistigt wie der Stein
Und trübt so luftig leichte Ranken;
Dir bangt, daß sie im Winde schwanken.
Jetzt faßt zusammen sich's zum Kerne
Zur Rose wird der Giebelstein
Und mündet all sein irdisch Sein
Verduftend in die ewigen Sterne.
Kannst du den Blick vom Ganzen lenken
Und in die Einzeltheile senken
Hart an der Seele Himmelspfaden
Läßt sich der Künstlerschalk belauschen;
Du siehst empor am Baum der Gnaden
Manch irdisch Ungeziefer rauschen,
In Steingezweigen versteinte Schlangen,
Eidechsen gar und Kröten hangen,
Als mahn' es, wie noch Irdisches klebe
An Allem, was da aufwärts strebe.
Da scheint in Stämmen und in Mauern
Unthier und Mißgestalt zu lauern,
Am Säulenschaft sich Drachen ringeln
Ums Kapitäl Basilisken züngeln
Dort liest ein Affe im Breviere,
Hier trägt ein Wehrwolf Bischofszeichen,
In Nonnenschleiern Kätzlein schleichen
Mit Kron und Scepter reißende Thiere;
Satan als Wirth die Kannen füllend
Ein lüstern Meerweib reizenthüllend,
So klimmen zwischen Himmelsranken
Gar weltlich sündige Gedanken,
Die Künstlerlaune, in Stein geschmiegt

Und scharfgemeißelt, festgemauert
Steinmetzenwitz, der Centner wiegt
Und das Jahrtausend überdauert.
Willst du ums Beiwerk naschend schwirren
Wirst dich im Labyrinth verirren;
Doch kann dein Blick das Ganze fassen,
Dann stört dich selbst das Zerrbild nie,
Denn, schmelzend, in die Harmonie
Verschwindet's der granitnen Massen
Und unabwendbar mußt du lauschen
Des Gottesbaumes seligem Lauschen.

Vom „Riesenthor" des alten Doms geleitete den
„Wiener Spaziergänger" die Rothenthurmstraße zu
dem nun auch gefallenen gleichbenamseten Stadtthore
hinaus in die ehemals so geheißene „Jägerzeile" (heute
Praterstraße genannt); einbiegend in dieselbe ruft der
Dichter:

Hebt empor euch auf den Zehen! Könnt ihr jene Eichen sehn,
Die wie Reih'n von Grenadieren jenseits an der Donau stehn?
Herr das hießen sie den Prater! Gegen jeden Schmerz und Hort
Wuchs dem guten heitern Völklein als Arznei ein Kräutlein dort.
Gegen bittrer Sorgen Wermuth: dort des süßen Weins genug!
Gegen Kapuzinerpredigt: des Hanswursts viel weis'rer Spruch!
Gegen Finsterniß von oben: dort von oben Sonnenschein!
Gegen düstre Gaunereien: fröhlich heitre Gaukeleien.

Des süßen Weins genug!

Viel goldne Rebgelände breiten
Den weiten Kranz ums Donaubette

Als ob hier Fluß und Weingott streiten
Sich überbietend in die Wette,
Die Weinfluth scheint zu überschwellen
Im Katarakt von Hügelwellen
Auf denen Winzerhäuser ragen
Wie Kähne von den Wogen getragen.

Hoch her gings seit alten Zeiten und geht es heute noch bei den Winzerfesten am Donaustrande!

Mit voller Farbenpracht und in breiter Behaglichkeit hat Auersperg solch' eine Weinlese im „Pfaffen vom Kahlenberg" geschildert. Am Winzerhaus

Bänder und Fähnlein vom Giebel wallen,
Guirlanden aus allen Fenstern fallen
Und muntre Dirnen schäckernd klauben
Im Rebengarten die reifen Trauben;
Die Kelter stöhnt, die Winzer schütten
In Kufen die Fülle ihrer Bütten.

Im Weinland gedeiht der Scherz, gedeiht der Witz; der „Wiener Witz" ist weltbekannt!

Anastasius Grün hat diese köstliche Naturgabe des Wiener Volkes damit wohl am schärfsten und treffendsten charakterisirt, daß er am „Fürstenstein" im Kärnthnerland einen Wiener dem Herzogstroß scherzend die Zeit vertreiben läßt

Indeß des Eides Strömung breit
Noch von der Herzogslippe floß.

Aber während der Witzbold nach neuem Witzgebild läßt steigen seine Augen „fröhliche Geier"

Sieh da bezwingt ihn selbst der Feier
Gewaltiger Ernst, erhabenes Schweigen

Da wird nachdenklich auch der Wiener
Denn tiefern Ernst birgt er im Herzen
Gediegen Gold bei leichteren Erzen.

Und damit ist der Charakter des Wieners erschöpfend dargestellt: „Leicht im Wort und wuchtig in der That," wie's die Chronik der Stadt Wien auf jedem Blatte weiset in golden=schwerer Schrift umrankt von zierlich und kühn geschwungenen Arabesken aus Weinlaub und Rosengewinden!

Für Oesterreich und seine Freiheit.

Riesin Austria, wie herrlich glänzest du vor meinen Blicken!
Eine blanke Mauerkrone sah ich stolz das Haupt dir schmücken,
Weicher Locken üpp'ge Fülle reich auf deine Schultern fallen,
Blonden Golds, wie deine Saaten, die im Winde fröhlich wallen.

Festlich prangt dein Leib, der wonn'ge, in dem grünen Sammt=
gewande,
Dran als Silbergurt die Donau und die Rebe als Guirlande;
Leuchtend flammt sein Schild, der blanke, welchem Lerch und
Aar entsteigen,
Aller Welt von deinem Bündniß mit dem Tag und Licht zu
zeigen!

Anastasius Grün.

Seine Liebe und Begeisterung für das theure Vater=
land Oesterreich bewies Auersperg am klarsten und
schönsten dadurch, daß er zu seinen großen poetischen
Schöpfungen meist patriotische Stoffe aus der Geschichte
Oesterreichs wählte und selbst in jenen Liedern, die
mit herbem Spotte die Zustände des Vormärz geißel=
ten, die hehren Gestalten einer Maria Theresia,
eines Joseph, eines Erzherzog Karl mitten aus
der umgebenden Nacht in voller Beleuchtung hervor=
treten ließ.

Herzog Otto der Fröhliche.

Sein ländliches Gedicht: der „Pfaff vom Kahlen=
berg" führt uns den Herzog Otto den Fröhlichen
vor, den Anastasius Grün also feiert:

> „Dein Bild in Habsburgs Ahnenhallen
> Macht hold manch spätes Herz dir wallen;
> Einförmig lange Bildnißreihen
> Mit Kronen all und Herzogshüten!
> Der Maler schlang nur dir allein
> Ums Haupt den Reif von Rosenblüthen;
> Das letzte nicht ist's von den Loosen,
> Zieh hin und kränze dich mit Rosen."
> Und so geschah's, daß Rosenglut
> Einst stand bei Oestreichs Herzogshut.

Wie in allen Vorstudien zu seinen Werken außer=
ordentlich gewissenhaft, war es Auersperg auch und
ganz besonders in der Sammlung von Materialien
zum historischen Bau des „Pfaffen." Da mußte ihm
auch Lenau auf einer Fußreise in die steierischen Berge
(1835) aus Neuberg, der Klosterstiftung Herzog Otto's,
an Daten senden, soviel er konnte.

Lenau schreibt über die Resultate seiner Forschungen
an Anastasius Grün de dato Neuberg, 10. Juli 1835:
„Alles, was ich hier über Herzog Otto auftreiben
konnte, besteht in einer Abschrift der Privilegien, welche
dieser Fürst dem von ihm gestifteten Cistercienser Con=
vente ertheilt hat. Monasterium gloriosae Virginis
Mariae in Novo monte."

In der Gruft des Stiftes Neuberg liegen die ver=
moderten Gebeine von Herzog Otto, von seiner ersten
Gemahlin Elisabeth, seiner zweiten Anna, und seiner
beiden Söhne Leopold und Friedrich, in schlichten Sär=
gen von Sandstein. Lange war, wie man mir erzählte,
die Begräbnißstätte vergessen und verborgen geblieben
und hatte die Kapelle über der Gruft zum Holzgewölbe
gedient; erst vor ungefähr 15 Jahren ward die Gruft
entdeckt und vom vorigen Kaiser (Franz) eine Gedächtniß=
messe gestiftet, und in der Kapelle ein Marmorgrab=
stein mit folgenden Inschriften veranlaßt:

Otto Dux. Aust. St. Car. etc. Alb. Rom. Imp.
Fil. Nov. Mont. Ferd. ob. 26. Febr. 1339. Prima
Conj. Elisabetha Duc. Bav. inf. Fil. ob. 25. Mart.
1330. Secunda Conj. Anna Fil. Reg. Boh. Soror.
Carol. IV. Imp. ob. 8. Dec. 1338. Fridericus Fil.
ex serenissima Domina Elisabetha ob. 16. Dec. 1344
Leopoldus fil. ex serenis. Domina Anna ob. 17.
Aug. 1344.

Was die Pfaffen verleiten mochte, die Gruft zu
verheimlichen (es wurde jedem ein Eid abgenommen,
das Geheimniß zu bewahren), war, wie man ver=
muthet, verbrecherische Ausplünderung der Leichen,
denn diese wurden ohne allen Schmuck in ihren Sär=
gen gefunden. Herzog Otto war nach der Länge seiner
Gebeine ein sehr langer Mann von wenigstens 6′ 6″,
nach den beiden vorhandenen Bildnissen war er ein
schöner Mann. Langes schwarzes Haar, schwarze Augen

voll Contemplation, edel feingekrümmte Nase, um den
Mund ein Zug eleganten Spottes und des Bewußtseins
auch geistiger Ueberlegenheit. Auf beiden Bildern er=
scheint sein Haupt mit Rosen bekränzt; doch ist der
Ausdruck seines Gesichts nicht der einer durchgängigen
Fröhlichkeit, vielmehr bezeugten Aug und Stirne, daß
der Mann, wenn er allein war, sehr ernste Stunden
haben mochte." [1]

Es sei hier ergänzend bemerkt, daß vor wenigen
Jahren Se. Majestät der jetzt regierende Kaiser Franz
Joseph I., der hohe Beschützer und Förderer von Kunst
und Wissen, der pietätvolle Bewahrer der historischen
Stätten seines Hauses und der Traditionen seiner
Familie auch die irdischen Ueberreste Herzog Otto des
Fröhlichen und der Seinen nach vorher angeordneter
kunstgerechter Zusammensetzung der Gebeine in pracht=
vollen neuen Särgen auf würdigste Weise in der Kirche
von Neuberg wieder beisetzen ließ!

„Der letzte Ritter."

In diesem „Romanzenkranz" besingt Anastasius
Grün die Heldenthaten Theuerdank=Maximilians!

„Oesterreichs Max den nennt jeder deutsche
Mund," was Wunder, daß das Poem mit der hin=
reißenden Gewalt seiner Bilder, in denen die mund=
gerechten Abenteuer des populärsten deutschen Kaisers

[1] Lenau's Leben von Schurz. I. S. 308 f.

und Fürsten Oesterreichs in echt deutscher Einfachheit
und Schönheit — wie Holzschnitte Dürers — wieder=
gegeben waren, auf das deutsche und österreichische
Volk zündende Wirkung übten und den Dichter
selbst mit Einem zum erkorenen Liebling des Volkes
machten.

Man stimmte begeistert ein in die Schlußakkorde
der Romanze, die von des Sängers Leier also klingen:

Das Ziel doch bleibt stets Eines: Recht, Seligkeit und Licht.

Und würdig traun ist Deutschland des seligsten Geschicks,
Und werth bist du vor allen, o Oestreich solchen Glücks!
Mein Oestreich, dessen Boden ich hochbegeistert küsse,
Und das ich, freud'gen Stolzes, mein Vaterland begrüße!

Dein Fürstenhaus ist edel und mild wie keines mehr,
Voll Treue, Kraft und Hochsinn ist deiner Völker Heer,
Gesegnet, reich vor Allen, ist deiner Gaue Verein,
Sollst du nicht glücklich werden, wer sollte sonst es sein?

Dieses Fürstenhauses unvergänglichen Größen
Maria Theresia und Joseph II., in den „Spazier=
gängen" begegnen wir ihnen in erhabener Lichtgestalt.

Maria Theresia.

Mit welcher ausgesuchten Zartheit läßt der Dichter
die große Kaiserin=Königin, festlich zum Kirchgange sich
schmückend, zu ihrem Mädchen sagen:

„Drücke meiner Ahnen Krone gut mir in das weiche Haar!
Ach, nicht fest auf jenem Haupte ruht ihr goldner Reif, für=
wahr,
Wo die weiche seidne Locke um den Rang mit ihr noch kriegt
Und vielleicht in solchem Kampfe wunderbar der Kron' ob=
siegt!

„Hefte fest den Purpurmantel! Wie erträgt das schwache
Weib
Seine Last, die Heldenmännern niederbog den kräft'gen Leib?

— sieh, die Kraft der Männer beugt vor ihr den stolzen Leib!
O, wie hoch für solche Schwäche der Begeistrung Banner
braust,
Doppelt scharf die Schwerter blitzen, doppelt kräftig jede
Faust!

Joseph.

Wahrhaft monumental und mit dem ehernen Stand=
bild um die Palme der Aeonendauer ringend ist:
„Sein Bild," das Bild des „Schätzers der Mensch=
heit," wie es Anastasius Grün für ewige Zeiten gemalt.

Ja, du bist es weiser Joseph! — Voll von Kraft und Mark
und Klang,
So im Bilde von Metalle, wie dein Leben all entlang!

All dein Ringen nach dem Lichte, all dein Thun in ernster
Zeit,
Glich's nicht einer Hand von Eisen, die uns eine Rose beut?

Erzherzog Carl.

Und auf einem andern „Spaziergange" geleitet uns der Dichter „Auf das Schlachtfeld von Aspern."

Wie dort am Vesuv die Lava einst manch heitre Stadt verschlang,
So begrub sie viel der Edlen hier die weite Flur entlang;
Hundert Städte zu beleben, gnügte, wahrlich ihre Zahl,
Und nicht minder schön glomm ihnen noch des Lebens sonn'ger
Strahl.

Gleich an frommer Kraft und Weisheit jenem edlen Plinius,
Der dort rettend seine Mutter trug durch Nacht und Lavaguß;
Also Carl, du hoher Sieger, trugst du kühn und glorreich da
Aus den Flammen und den Schrecken deine Mutter Austria.

Auch der Dichterfreund Lenau hatte — ohne Un=
treue gegen sein Gelöbniß: kein Fürstenlied zu singen —
den Erzherzog Carl, den Sieger von Aspern, be=
sungen,[1] als dieser das 50. Jahr seiner Kriegerlaufbahn
abgeschlossen hatte, da, wie Anastasius Grün schreibt, er
(Lenau) sich längst zu der ehrwürdigen Heldengestalt,
in welcher die hohe Stellung der Geburt sich mit dem
größten Verdienste und der einfachsten Schlichtheit und
Bürgertugend vereinigte, in Achtung und Neigung
hingezogen fühlte.[2]

[1] Zum Jubelfeste des Erzherzogs Carl (Prolog, gesprochen zu
Wien am 17. April 1843). Nicolaus Lenau's dichterischer Nachlaß.
Herausgegeben von Anastasius Grün. Stuttgart und Augsburg.
J. G. Cotta'scher Verlag. 1851. S. 183.
[2] Nicolaus Lenau's sämmtliche Werke. Herausgegeben von
Anastasius Grün. Stuttgart und Augsburg. J. G. Cotta'scher
Verlag. 1855. I. S. LXII f.

Und noch ein zweiter Held, ein sieggekrönter Führer
von Oesterreichs Heeren, ward vom Barden Auersperg
gefeiert mit einem Loblied, wie selten wohl einem Krieger von einem Zeitgenossen es gesungen ward.

Marschall Radetzky.

„Bei Radetzky's Bestattung" — nennt sich
die Epopöe, in der Anastasius Grün im Liede die Verdienste des Mannes der Nachwelt erzählt, der „Öster-
reich gerettet" und dessen Sarg ehrt „gesenkt
ein Kaiserschwert."

„Die Räthe ohne Rath, von Greisenart die Jungen,
Sie sahn mit stumpfem Sinn die Würfel schon geschwungen
Zum Spiel um dein Gewand, zerrißnes Kaiserreich!
Da hat den Glauben Er an Oestreich festgehalten,
Der sprühte in sein Schwert, der machte jung den Alten,
Da war sein leuchtend Herz der Stern von Oesterreich.

Durch Güte ward er groß, durch Menschlichkeit und Milde!
Zwar wars ein festes Herz, kein biegsam Wachsgebilde;
Der Feldherr wie der Fürst bedarf ein Herz von Erz,
Das manchen Schlag und Brand ertrag' in starrem Gusse,
Der rechten Hochgluth brauchts, dann rollt in goldnem Flusse,
Wie herrliches Metall, solch schmelzend Eisenherz.

Du Mailand kennst dieß Herz! Du sahst, den du verrathen,
Im Wetterleuchten nahn, im Sturmschritt seiner Thaten,
Da auf dein zitternd Haupt legt er Verzeihn und Huld.
Am Kaiser Rothbart so verbrachen deine Ahnen;

O möge dieser Sarg an jene Zeit dich mahnen,
An ungleich Strafgericht, an gleiche schwere Schuld.

In deinem Schutte stampft des Siegers wilder Renner,
Da knien, das Henkerschwert im Nacken, deine Männer,
Den Strick am Hals, das Haupt gefurcht von Noth und
                            Gram,
Sühnkerzen in der Hand, am Leib das Büßerhemde,
Das Leben zu erflehn, das bittre Brod der Fremde;
Das war die Rache, die der Hohenstaufe nahm.

Daß rings die Fluren blühn, die deine Seide spinnen,
Dir Kunst und Werkfleiß krönt die ungebrochnen Zinnen,
Daß jetzt im Prunkpalast, in Scalas Logen dann
Auf euren Zauberseen, in seinen Marmorvillen
Ihr Enkel jenem Bild nachsinnen kann im Stillen,
Das ist die Rache, die der Todte hier ersann.

— — — — — — — — — — — — —

— Volk und Krieger weint, des „Vaters" nun beraubt
Traun solche Lieb und Macht im Volk kann nur gewinnen,
Wer mit dem Herzen im Volke mitten innen,
Doch aus der Schaar emporragt mit dem ganzen Haupt.

Der Feldherr tritt den „Rückzug" an!

Ein Rückzug war's so schön wie wenig Siegesfeiern,
Als er aus Mailands Thor mit schwarzen Schleiern,
Mit Siegesfahnen zog und Helden seines Kampfs
Und vom Tessin bis fern an die Karpathenhänge
Hinrollte Donnergruß und zogen Glockenklänge
Und überm Zuge hoch die Säule weißen Dampfs.

So schwebte feierlich die dunkle Bundeslade
Durch das Lombardenfeld, die alten Siegespfade, .

Dann durch den blauen Golf, das schöne Dogenlehn.
Sie sahen im Sonnenduft mit blanken Gletscherzinken
Tirol das Land der Treu von fern bedeutsam winken
Und fühlten Geistergruß aus Heldengräbern wehn.

Durch Krain und Steier dann. Aus den metallnen Gleisen
Und aus den Bergen klingt der Tapfern Lust das Eisen,
Im Ost war Ungarns Haupt ihm huld'gend zugekehrt.
Das alte Wien umhängt mit Flor die Mauerkrone,
Den Trauerschleier trägt die Anmuth auf dem Throne,
Den Sarg des Dieners ehrt gesenkt ein Kaiserschwert.

Doch nordwärts zieht der Held; er grüßte noch von ferne
Sein klangvoll Böhmerland, die Heldenmutter, gerne,
Die Väterburg, wo einst sein Wiegenlied geschallt,
Jetzt stehn am Ziel gereiht Colonnen und Standarten
Dort winkt das Mahl des Ruhms, der Heldenberg, der Garten,
Des Feldherrn Ruf gebeut zum letztenmale: Halt!

So wand der Trauerzug durch Oestreichs blühnde Lande
Den dunkeln Faden, gleich dem schwarzen Seidenbande
Das sinnvoll ernst sich schlingt um einen Blumenstrauß;
Als ob der Todte selbst sorgsam zum Kranze winde
Die Länderblumen all' und fester noch sie binde
Mit seinem Todtenflor und spräch' es segnend aus:

„Seid einig, daß sich keins in Hochmuth überhebe!
Der Stärkste ist zu schwach, daß er vereinsamt lebe!
Schlicht ordne sich und treu ins Ganze jeder Theil;
So blüht aus Demuth selbst dem Kleinsten stolze Größe,
Wenn Kraft die Schwäche schirmt und Ueberfluß die Blöße:
Die Buntheit wird zum Schmuck, die Vielheit euch zum Heil.

Seid Eins in dem Beruf, dem unvergänglich schönen,
Die Freiheit mit dem Recht der Sitte zu versöhnen,
Der Zukunft Korn zu streu'n in kaum gepflügte Bahn;
Von Sternen seid ein Bund — das ganze Reich umspann er
Vielfarb'gen Lichts ein Kern, ein einig Sternenbanner,
Kein schön'res glänzte dann selbst überm Ocean."

Die Anmuth auf dem Throne!

Als ob ein Phidias ein Götterbild geschaffen, hat
mit diesem einen Satze Anastasius Grün die Schönste
der Fürstinnen, die je auf Oesterreichs Thron gesessen,
unsere gegenwärtig regierende Kaiserin=Königin
Elisabeth, im Glockenguß der Rede verewigt!

Im freien Vaterland!

Bis sie zur vollen Wahrheit geworden die Freiheit
in unserem lieben Oesterreich — wie lange währte es!

Die „Spaziergänge eines Wiener Poeten" und der
„Schutt," sie waren lange hinausgeklungen in die
Lande und hatten das millionenfache Echo geweckt,
doch kaum laut geworden war der Wiederhall und die
Verfolger fahndeten nach dem Unfaßbaren.

Die Schalmei aber, die den freien fremden Ton
hinausgetragen, die ward saisirt und confiscirt, doch
der Schmuggel brachte auch sie immer wieder zu den
Menschen, denen sie so lieb geworden, trotz „Mauth=
cordon" und „Censoren."

Wie z. B. die „Spaziergänge" einem Dichter, der

zugleich k. k. Beamter war, von einem Dichterfreunde zukamen, lesen wir in der schon citirten Correspondenz Schleifers mit Schurz.

Unterm 16. December 1831 schreibt Schleifer, k. k. Pfleger in Schloß Ort, an Schurz in Wien: „Von dem, was auf die Herzgrube gelegt werden soll („die Spaziergänge eines Wiener Poeten"), habe ich bereits Gebrauch gemacht mit unerwartet herrlichem Erfolge. So ist's recht! O du herrlicher Schurz! Nenne mir um's Himmels Willen den Namen des Doktors! Der soll mir Rector magnificus, magnificentissimus werden, mein ganzes Herz frohlockt."

Endlich leuchtete die Sonne der heiligen Märzen.

> In Wogen gieng die Saat des Guten,
> Ein läuternd Feuer umquoll die Welt,
> O kurzer Tag, der unentstellt,

singt der Freiheitssänger, fügt aber rasch, ebenso rasch wie die Ereignisse sich folgten, hinzu:

> Ein Tag wohl kaum, ach kaum Minuten!

> Ins Gotteswerk griff Gottes Affe,

stahl der Freiheit Panier und Feldgeschrei, die Thorheit rief: „Auch ich bin frei, die Unthat prunkt' in heil'ger Waffe;" sie „tanzten um ein Bild, das sie die Freiheit nannten, in neuer Larve war's uralte Tyrannei." [1] Die Freiheit

---

[1] Diese Stelle ist dem erwähnten Gedichte: „Bei Radetzky's Bestattung" entnommen.

Sie aber wandte ihre Sohlen
Mit Grausen von des Gräuels Flur —

O, glückte es — rief im November 1849 Anastasius
Grün dem Dichterfreunde Lenau zu — die verwehte
Spur in Enkelzeiten einzuholen.

Die „Zeiten" kamen früher, als der Dichter sie
erhofft, und wie sie ihn als den bewährten treuen
Kämpfer für die Freiheit fanden, so ward nun von
dem Thron herab durch die Weisheit des Monarchen
sein Rath im obersten Rathe vernommen und erhört.

Anton Alexander Graf Auerspergs Stimme, die
für Oesterreichs, für Deutschlands Recht und Freiheit
einst hell und voll in Wiens und Frankfurts Parla-
mente erklungen war, sie tönte wieder in der alten
Kaiserstadt an der Donau vor den versammelten Pairs
und Herrn des Reiches, vor den Landboten der Steiermark und im Krainerlande.

Und wenn es gilt, die vom Throne herab gesproche-
nen Worte des Kaisers in Treue und Ergebenheit,
mit Freimuth und Offenheit zu erwiedern, da wählt
der Kreis der Ersten und der Besten des Reiches den
Grafen Anton Auersperg, den Dichter Anastasius
Grün zu seinem Sprecher, zu seinem Dolmetsch, damit
in Worten so mächtig und so schön, in Bildern so
wahr und so treu, wie sich's gebührt, dem Kaiser die
Antwort werde seines Volkes!

Doch wenn gleich der Dom unserer Freiheit, dessen
Fundamente in ereignißreichen Tagen mit dem Blute

von tausend und tausend Landeskindern gekittet wurden,
sich über der Verfassung wölbte, und auch die innere
Ausschmückung, Dank den „Bildnern" aus dem Volke,
rasch und rüstig vorwärts schreitet, so fehlt immer
noch gar manch' Geräth, das beizuschaffen ist; und
anderseits das jäh im Vorhofe des Tempels wieder
aufschießende Unkraut, man darf es nicht aufkommen
lassen, sonst umschlingt es die Fundamente und stürzt
den Bau.

Der „Wunsch" aber, den Anastasius Grün, „des
Glöckleins Strang auf der Inselkirche im Veldeser See
in Bewegung zu setzen," für sein Krainerland im Her=
zen hegt:

> Wach auf, wach auf! Vom Leibe raffe
> Die Lappen finstrer Dienstbarkeit,
> Für hohe Ziele kämpft die Zeit,
> Umgürt' auch dich mit ihrer Waffe;

er gelte für das ganze weite Reich; insofern wieder
wollte die „Finsterniß beginnen ihr Fest," und „Geistes=
nacht reifen ihre Saaten."

Zwischen durch die Zeiten der politischen, der parla=
mentarischen Schlachten gewann aber der Dichter immer
Muße zu künstlerischem Schaffen.

So unmittelbar nach dem ersten Frühlingsmorgen
von Oesterreichs Freiheit, wo er die „Volkslieder aus
Krain" in „sein geliebtes Deutsch" übertrug, so als
der helle Tag der Freiheit sich über die Gaue des
Vaterlandes ausgebreitet hatte und er Robin Hood

dichtete, einen Balladenkranz nach altenglischen Volks=
liedern.

Auch die Neuzeit — schreibt er in der Einleitung
zu diesen Dichtungen [1] — kennt inmitten ihrer käm=
pfenden Gegensätze noch immer jenes unwiderstehliche
Verlangen, jene tiefe Sehnsucht des Menschenherzens,
welche aus der Atmosphäre gährender Neugestaltungen,
aus den Wahlstätten ringender Ideen und Parteien,
aus dem verwirrenden Durcheinander ihrer Feldrufe,
aus dem Unbestand der Tagesmeinungen, unbefriedigt
hinausdrängt nach einem Momente der Selbstsamm=
lung und Erfrischung, nach einem wenn auch nur
augenblicklichen Ruhepunkt und Halt, welchen ihm das
nach ewig unveränderlichen Gesetzen sich bewegende
Leben der Natur in seiner Ruhe, Klarheit und Stätig=
keit zu bieten vermag.

So oft den „Dichter" die Nergeleien kleinlicher
politischer Geister, die sich in der Arena unseres politi=
schen Lebens ab und zu das große Wort arrogirten, an=
widerten, so oft der Fortschritt in unserem Verfassungs=
leben durch einen Rückschritt aufgehalten worden, —
da flüchtete sich Anastasius Grün zurück in die geliebte
„grüne Steiermark" oder auf sein Tuskulum Thurn=
am=Hart, in den „lustigen, grünen Wald," wo die
„Lieder der Freiheit" frei und froh erschallen dürfen

---

[1] Robin Hood. Ein Balladenkranz nach altenglischen Volks=
liedern. Von Anastasius Grün. Stuttgart, Verlag der J. G. Cotta=
schen Buchhandlung. 1864. S. 53.

und ihr Echo wiedertönt aus den Kehlen der „flinken
Lerchen" und wo gar oft der Dichter der „Spazier=
gänge" seinen alten Spruch, als noch immer nicht
ganz erfüllt, im Geiste zur Richtschnur empfehlen mochte
Denen, für die er gilt:

O ihr mächt'gen weisen Männer, fiel es euch doch endlich ein,
Lerch' und Adler auch zu pflanzen in die Herzen tief hinein!